생각을 실현하는데 필요한
파워포인트 핵심 기능 A to Z

나도 잘하고 싶다
파워포인트

한소하 지음

KB039804

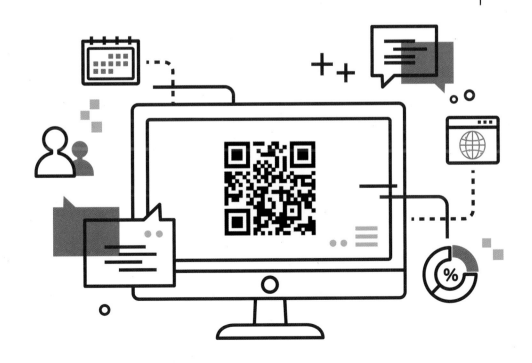

 피앤피북

나 도 잘하고 싶다
POWERPOINT

PROLOGUE

파워포인트가 내 인생을 바꿀 수 있을까?

이 책을 집어 페이지를 펼치셨다면 아마 '파워포인트를 배워볼까?'라는 생각을 가지고 계실 것입니다. 어떤 이유로 파워포인트에 관심을 갖게 됐는지 궁금합니다. 어떤 분은 자기계발 차원의 흥미일 수 있겠고, 어떤 분은 급히 만들어야 할 PPT 과제를 받아 발등에 떨어진 불이라도 끄자는 심정일 수도 있겠습니다. 학창시절부터 직장 생활에 이르기까지 오랫동안 애증의 대상이 된 파워포인트와 결별할지 정복할지 고민하고 계실지도 모르겠습니다.

사실 파워포인트는 인생의 필수 스킬은 아닙니다. 파워포인트 못한다고 생계가 어려워지거나 죽지 않습니다. 다만 불편할 뿐입니다. 상황에 따라 다소 많이 불편할 수 있습니다. 가령 내 생각을 온전히 전달하지 못한다는 답답함, 금방 끝낼 수 있을 것 같은 일인데 몇 시간 동안 붙잡고 쩔쩔 맬 때 오는 자괴감, 후배한테 묻는 것도 한두 번이지… 싶으면서도 어쩔 수 없이 또 물어봐야 하는 민망함. 뭐, 그런 것만 좀 견디면 됩니다. 손톱 밑에 박힌 가시 정도의 불편함이랄까요.

그런데 때론 손톱 밑의 가시가 곪아 생각보다 더 아파지는 순간이 있습니다. 애써 외면하고 피해왔던 무언가를 대면할 수밖에 없는 때 말입니다. 이를테면 매우 중요한 프레젠테이션을 도맡게 됐다거나, PPT로 보고서 작성을 비롯한 모든 중요한 업무가 이뤄지는 팀에 발령 받게 됐다거나, 사업을 시작해 내 제품이나 서비스를 홍보해야 하는데 그나마 만져보기라도 한 그래픽 툴이 파워포인트와 그림판 뿐이거나, 원하든 원치 않든 필요성을 절실히 느끼는 바로 그때, 우리는 갈림길 앞에 서게 됩니다.

'지금까지 파워포인트 못해도 잘 살아왔는데'와 '지금이라도 파워포인트를 잘하고 싶다.' 이 두가지 생각 사이에서 모처럼 '잘 해보고 싶다'는 쪽에 무게가 더해지면 큰맘 먹고 파워포인트를 열어봅니다. 어휴, 그런데 역시 참 쉽지 않습니다. 메뉴는 복잡하고 뭔가 기능은 많은 것 같은데 뭘 알아야 할지, 무엇부터 시작해야 할지 통 감이 안 잡힙니다. "그래, 내가 이래서 안 했지"라며 이내 창을 닫습니다. 그렇다고 다시 '비효율적인 것 같지만 매번 써서 손에는 익은 방법'대로 파워포인트와의 악전고투를 계속하기엔 마음이 걸립니다. 아마 여러분은 이러한 상황과 감정의 어디쯤에서 이 책을 들추어본 것이 아닐까 짐작해봅니다.

파워포인트를 배우면 뭐가 좋을까요? 저는 파워포인트가 '멀티 툴' 같다고 생각합니다. 멀티 툴은 나이프, 줄톱, 가위, 드라이버, 병따개 등 각종 공구를 한손에 쏙 들어오는 크기 안에 모아놓은 도구입니다. 덕분에 멀티 툴 하나만 있으면 다양한 상황에서 유용하게 활용할 수 있습니다. 물론 사용법을 알아야겠지만요. 마찬가지입니다. 지금은 아마 발표 자료 제작 도구 혹은 보고서 작성 툴 정도로 파워포인트를 쓰고 계실텐데요. 한 번 제대로 익혀두면 무궁무진한 확장성을 발견하게 됩니다. 보고서, 제안서, 수행평가 과제, 공모전 자료, 강의안, 교안 작성, 카드뉴스를 비롯한 SNS 콘텐츠 디자인 등 멀티 툴이라는 표현이 무색하지 않게 다채롭게 활용할 수 있습니다.

머리속으로 모나리자와 같은 명작을 상상할 수 있다 해도 데생과 붓칠을 할 줄 모르면 그려낼 수 없습니다. 슬라이드 디자인도 그렇습니다. 도구를 다룰 줄 모르면 아무리 좋은 아이디어를 가지고 있다 해도 표현하는데 한계가 있습니다. 파워포인트는 내 생각을 현실에 구현해주는 매개체 역할을 합니다.

이 책에는 파워포인트의 가장 기본적이고 핵심적인 기능과 스킬을 선별해 담았습니다. '파워포인트를 배우려하는데 뭘 알아야 하고 어디서부터 시작하지?' 이 질문에 대한 답입니다. 여러분의 학습 범위를 좁혀드릴 것입니다. 초반은 기본 기능에 대해 다룹니다. 파워포인트의 ABC입니다. 기본기를 제대로 익혀야 이들을 조합해 보다 고급스럽고 세련된 표현을 할 수 있습니다. 이어서 생각을 시각화하는 방법, 즉 디자인에 대해서도 알아보겠습니다. 어차피 우리는 전문 디자이너가 아닙니다. '가독성 높은' 눈에 잘 띄고 좋아 보이는 디자인을 할 수 있으면 충분합니다. 이를 위해 고려할 사항들에 대해 짚어보겠습니다.

파워포인트를 할 줄 안다는 것, 나아가 잘 한다는 것이 인생을 변화시킬까요? 네. 변화시킵니다. 하지만 우리가 기대하는 드라마틱한 수준은 아닐 것입니다. 책 한 권 본다고 마이너스의 손이 마이다스의 손으로 바뀌진 않습니다. 책은 파워포인트에 대한 지식을 담고 있지만 파워포인트를 다루는 스킬은 여러분의 손에 깃들기 때문입니다. 눈으로 좇지 말고 한 장씩이라도 좋으니 손으로 연습하길 권합니다. 그러면 변화는 천천히, 하지만 확실하게 일어날 것입니다.

"매 순간마다 인생을 바꿀 수 있는 기회가 찾아온다." 영화 〈바닐라 스카이〉의 명대사입니다. 뭔가 '하고 싶다'는 마음은 인생의 터닝포인트를 마주했음을 알리는 알람입니다. '파워포인트, 나도 잘하고 싶다.'라는 바람도 그렇습니다. 파워포인트를 정복하여 두고두고 써먹을 필살기로 삼느냐, 계속해서 족쇄로 남길 것이냐, 여러분은 어느 길을 택하시겠습니까? 이 책이 아니어도 좋습니다. 모처럼 파워포인트 책을 펼쳐볼 마음이 들었을 때 시작하세요. 바람(Needs)은 배움이라는 배를 가장 빠르고 원활하게 나아갈 수 있게 해주는 바람(Wind)이 됩니다. 바로 지금이 배를 띄울 적기입니다.

파워포인트는 사용자의 아이디어를 슬라이드에 구현할 수 있도록 돕는 수많은 기능들을 가지고 있습니다. 하지만 그 모든 기능을 속속들이 알 필요는 없습니다. 사용 빈도가 높은 기초 기능들만 숙지하여 사용할 수 있다면 그것으로 충분합니다. 파워포인트의 표현력을 높여주는 고급 스킬은 모두 기초 기능의 조합이기 때문입니다.

이 책은 파워포인트를 자유자재로 사용하기 위해 알아야 할 핵심 기능만 엄선하여 개념, 사용 방법을 설명하고 있습니다. 학습 로드맵을 참고하여 매일 조금씩 파워포인트에 대해 알아가 보세요. 어느새 낯설고 어렵기만 하던 파워포인트가 여러분의 생각을 현실에서 살아 숨 쉬게 만들어주는 강력한 무기가 될 것입니다.

INFORMATION

〈나도 잘 하고 싶다, 파워포인트〉 이렇게 학습해보세요

"나도 파워포인트 잘 하고 싶다…."

"파워포인트 배워야 하는데…."

그런데 뭐부터 시작하지?

파워포인트를 통해 생각과 메시지를 슬라이드에 구현하는데 필요한 기능은 결코 어렵지 않습니다.

수 많은 기능 중 가장 자주 사용되는 핵심 기초 기능만 제대로 활용하실 수 있다면 충분합니다.

책에 수록된 기능을 하나씩 학습해보시면 낯설고 어렵기만 하던 파워포인트가 어느새 여러분의 생각을 현실에 살아 숨 쉬게 만들어주는 강력한 무기가 될 것입니다.

이 책에는 파워포인트의 다양한 기능 중 활용 빈도가 높고 여러분의 생각을 표현하는데 꼭 필요한 기초 스킬들을 수록했습니다.

천릿길은 하루 아침에 완주할 수 없습니다. 하지만 목표를 알고, 스케줄을 나누고, 한발짝씩 걷다 보면 반드시 완주할 수 있습니다. 완주 후에는 출발 전과는 전혀 다른 내가 됩니다.

파워포인트 학습도 마찬가지입니다. 이 교재를 완독하시면 파워포인트 활용이 보다 익숙해질 것입니다. 하루만에 완독하시기보다 스케줄을 세워 알려드리는 내용을 따라해보시길 권합니다.

제가 권해드리는 일정을 1주(6일), 2주(10일), 1달(20일) 3가지로 제시해드립니다. 여러분께서 학습하시는데 참고해보시기 바랍니다.

📅 6 학습 스케줄(6일 완성)

1일 → 2일 → 3일

1일
- 파워포인트 화면 소개
- 파워포인트 메뉴 소개
- 파워포인트 최적화를 위한 옵션 설정
- 빠른 실행 도구 모음
- 필수 단축키
- 슬라이드 크기 설정
- 안내선 설정
- 슬라이드 마스터
- 개체 삽입
- 개체 크기 조정

2일
- 개체 회전
- 개체 이동과 맞춤 정렬
- 개체 복제
- 개체 순서 조정
- 개체 그룹화
- 서식 복사
- 폰트 삽입과 설정
- 텍스트 크기 조정
- 첨자 삽입
- 기본 텍스트 상자 설정

3일
- 텍스트 찾기와 바꾸기
- 텍스트 윤곽선 코팅
- 도형 설정
- 선 그리기
- 자유 도형 그리기
- 도형 병합
- 기본 도형 설정
- 마음을 움직이는 이미지의 힘
- 이미지 보정과 별도 저장
- 이미지 배경 제거

4일 → 5일 → 6일

4일
- 이미지 자르기
- 그림 압축
- 투명한 이미지 만들기
- 다른 속성 개체를 이미지로 변환하기
- 표 만들기와 편집하기
- 표 디자인 팁
- 숫자 데이터에 이미지의 힘을 더해주는 차트
- 차트 개체 세팅하기
- 차트디자인의 시작, 메시지
- 대표적인 차트 유형 소개

5일
- 공통적인 차트 디자인 포인트
- 프레젠테이션의 양념, 오디오
- 프레젠테이션의 히든 카드, 영상
- 미디어 호환성 최적화/압축
- 슬라이드에 생동감을 더하는 애니메이션과 화면 전환
- 애니메이션 효과의 종류
- 애니메이션 적용하기
- 애니메이션 서식 복사
- 화면 전환 적용
- 스마트한 화면 전환 사용법

6일
- 프레젠테이션에 맛을 더하는 디자인
- PPT의 세가지 시각화 도구
- 도해의 퍼즐 조각, 도형의 역할과 기능
- PPT 디자인의 4가지 기본 원리
- 효과적인이미지 활용가이드
- 슬라이드레이아웃 디자인
- 슬라이드의 숨길, 여백 설정
- 세련된 PPT 메이크업을 위한 색상 활용
- 디자인 사칙 연산
- Wrap-up

📅 **학습 스케줄(10일 완성)**

1주차

1일
- 파워포인트 화면 소개
- 파워포인트 메뉴 소개
- 파워포인트 최적화를 위한 옵션 설정
- 빠른 실행 도구 모음
- 필수 단축키

3일
- 개체 복제
- 개체 순서 조정
- 개체 그룹화
- 서식 복사
- 폰트 삽입과 설정
- 텍스트 크기 조정
- 첨자 삽입

5일
- 도형 병합
- 기본 도형 설정
- 마음을 움직이는 이미지의 힘
- 이미지 보정과 별도 저장
- 이미지 배경 제거

2일
- 슬라이드 크기 설정
- 안내선 설정
- 슬라이드 마스터
- 개체 삽입
- 개체 크기 조정
- 개체 회전
- 개체 이동과 맞춤 정렬

4일
- 기본 텍스트 상자 설정
- 텍스트 찾기와 바꾸기
- 텍스트 윤곽선 코팅
- 도형 설정
- 선 그리기
- 자유 도형 그리기

2주차

6일
- 이미지 자르기
- 그림 압축
- 투명한 이미지 만들기
- 다른 속성 개체를 이미지로 변환하기
- 표 만들기와 편집하기
- 표 디자인 팁

8일
- 프레젠테이션의 양념, 오디오
- 프레젠테이션의 히든 카드, 영상
- 미디어 호환성 최적화/압축
- 슬라이드에 생동감을 더하는 애니메이션과 화면 전환
- 애니메이션 효과의 종류
- 애니메이션 적용하기

10일
- PPT 디자인의 4가지 기본 원리
- 효과적인 이미지 활용 가이드
- 슬라이드 레이아웃 디자인
- 슬라이드의 숨길, 여백 설정
- 세련된 PPT 메이크업을 위한 색상 활용
- 디자인 사칙 연산
- Wrap-up

7일
- 숫자 데이터에 이미지의 힘을 더해주는 차트
- 차트 개체 세팅하기
- 차트 디자인의 시작, 메시지
- 대표적인 차트 유형 소개
- 공통적인 차트 디자인 포인트

9일
- 애니메이션 서식 복사
- 화면 전환 적용
- 스마트한 화면 전환 사용법
- 프레젠테이션에 맛을 더하는 디자인
- PPT의 세가지 시각화 도구
- 도해의 퍼즐 조각, 도형의 역할과 기능

📅20 학습 스케줄(20일 완성)

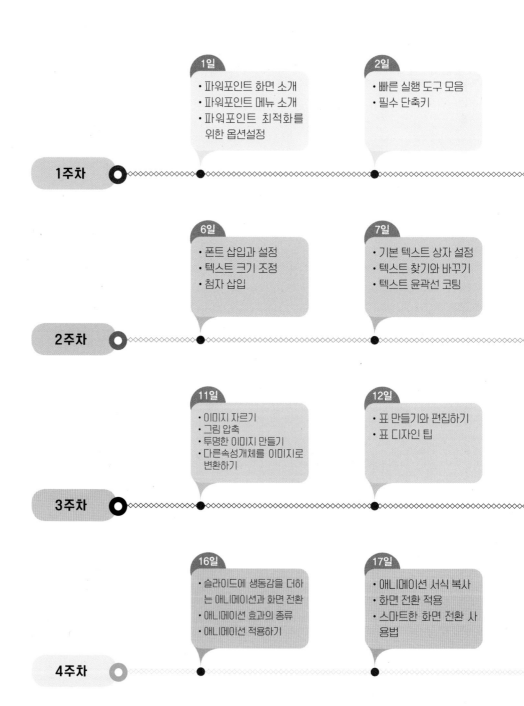

1주차

1일
- 파워포인트 화면 소개
- 파워포인트 메뉴 소개
- 파워포인트 최적화를 위한 옵션설정

2일
- 빠른 실행 도구 모음
- 필수 단축키

2주차

6일
- 폰트 삽입과 설정
- 텍스트 크기 조정
- 첨자 삽입

7일
- 기본 텍스트 상자 설정
- 텍스트 찾기와 바꾸기
- 텍스트 윤곽선 코팅

3주차

11일
- 이미지 자르기
- 그림 압축
- 투명한 이미지 만들기
- 다른속성개체를 이미지로 변환하기

12일
- 표 만들기와 편집하기
- 표 디자인 팁

4주차

16일
- 슬라이드에 생동감을 더하는 애니메이션과 화면 전환
- 애니메이션 효과의 종류
- 애니메이션 적용하기

17일
- 애니메이션 서식 복사
- 화면 전환 적용
- 스마트한 화면 전환 사용법

3일
- 슬라이드 크기 설정
- 안내선 설정
- 슬라이드 마스터

4일
- 개체 삽입
- 개체 크기 조정
- 개체 회전
- 개체 이동과 맞춤 정렬

5일
- 개체 복제
- 개체 순서 조정
- 개체 그룹화
- 서식 복사

8일
- 도형 설정
- 선 그리기
- 자유 도형 그리기

9일
- 도형 병합
- 기본 도형 설정

10일
- 마음을 움직이는 이미지의 힘
- 이미지 보정과 별도 저장
- 이미지 배경 제거

13일
- 숫자데이터에 이미지의 힘을 더해주는 차트
- 차트 개체 세팅하기
- 차트 디자인의 시작, 메시지

14일
- 대표적인 차트 유형 소개
- 공통적인 차트 디자인 포인트

15일
- 프레젠테이션의 양념, 오디오
- 프레젠테이션의 히든 카드, 영상
- 미디어 호환성 최적화/압축

18일
- 프레젠테이션에 맛을 더하는 디자인
- PPT의 세가지 시각화 도구
- 도해의 퍼즐조각, 도형의 역할과 기능

19일
- PPT 디자인의 4가지 기본 원리
- 효과적인 이미지 활용 가이드
- 슬라이드 레이아웃 디자인
- 슬라이드의 숨길, 여백 설정

20일
- 세련된 PPT 메이크업을 위한 색상활용
- 디자인 사칙 연산
- Wrap-up

CONTENTS

PROLOGUE   04

P A R T
01 파워포인트 시작하기

01 파워포인트 화면 소개   18
02 파워포인트 메뉴 소개   22
03 파워포인트 최적화를 위한 옵션 설정   26
04 빠른 실행 도구 모음   37
05 필수 단축키   46

P A R T
02 파워포인트 기본 조작법

01 슬라이드 크기 설정   50
02 안내선 설정   54
03 슬라이드 마스터   57
04 개체 삽입   63
05 개체 크기 조정   69
06 개체 회전   72
07 개체 이동과 맞춤 정렬   74
08 개체 복제   79
09 개체 순서 조정   81
10 개체 그룹화   84
11 서식 복사   86

P A R T
03 폰트와 텍스트

01 폰트 삽입과 설정   92
02 텍스트 크기 조정   99
03 첨자 삽입   100
04 기본 텍스트 상자 설정   101
05 텍스트 찾기와 바꾸기   103
06 텍스트 윤곽선 코팅   106

PART

도형

01 도형 설정   112
02 선 그리기   116
03 자유 도형 그리기   118
04 도형 병합   123
05 기본 도형 설정   126

PART

이미지

01 마음을 움직이는 이미지의 힘   130
02 이미지 보정과 별도 저장   133
03 이미지 배경 제거   138
04 이미지 자르기   141
05 그림 압축   145
06 투명한 이미지 만들기   146
07 다른 속성 개체를 이미지로 변환하기   151

PART

표

01 표 만들기와 편집하기   154
02 표 디자인 팁   165

CONTENTS

PART

07 차트

01 숫자 데이터에 이미지의 힘을 더해주는 '차트' 170
02 차트 개체 세팅하기 172
03 차트 디자인의 시작, 메시지 178
04 대표적인 차트 유형 소개 184
05 공통적인 차트 디자인 포인트 194

PART

08 멀티미디어(오디오, 영상)

01 프레젠테이션의 양념, 오디오 200
02 프레젠테이션의 히든 카드, 영상 206
03 미디어 호환성 최적화/압축 216

PART

09 애니메이션과 화면 전환

01 슬라이드에 생동감을 더하는 애니메이션과 화면 전환 222
02 애니메이션 효과의 종류 225
03 애니메이션 적용하기 227
04 애니메이션 서식 복사 232
05 화면 전환 적용 233
06 스마트한 화면 전환 사용법 236

PART

10 전달력을 높이는 디자인

01 프레젠테이션에 맛을 더하는 디자인 240
02 PPT의 세 가지 시각화 도구 241
03 도해의 퍼즐 조각, 도형의 역할과 기능 244
04 PPT 디자인의 4가지 기본 원리 247
05 효과적인 이미지 활용 가이드 251
06 슬라이드 레이아웃 디자인 259
07 슬라이드의 숨길, 여백 설정 270
08 세련된 PPT 메이크업을 위한, 색상 활용 272
09 디자인 사칙연산: 디자인의 시작과 끝을 함께 하는 기본 원칙 278

PART

11 Wrap-up

Wrap-up: 파워포인트 작업의 시작과 끝, 그리고 281

EPILOGUE 292

POWERPOINT

파워포인트 시작하기

01 파워포인트 화면 소개

이미지 출처: Photo by Motah on Unsplash

　새 자동차를 구입해 처음 운전석에 앉았다고 생각해봅시다. 자동차의 다양한 편의 기능을 100% 활용하려면 무엇을 해야 할까요? 먼저 계기판의 인터페이스, 대시보드 버튼 구성 등을 비롯한 차량의 조작 환경에 익숙해질 필요가 있습니다.

　파워포인트도 마찬가지입니다. 작업화면의 구성, 기능 위치 등에 대해 알지 못하면 프로그램이 어렵고 복잡하게 느껴집니다. 한두 번 사용하며 익숙해진 기능만 습관적으로 사용하게 됩니다. 그러다 보면 동일한 결과를 훨씬 간편하게 구현해주는 기능들에 대해 알지 못한 채 비효율적인 작업만을 반복하게 됩니다. 잘 닦인 지름길을 두고 구불구불한 자갈길을 걸으며 '파워포인트는 불편해'라는 불평을 하는 격입니다.

　이번 장에서는 파워포인트 작업화면에 익숙해질 수 있도록 각 영역의 명칭과 역할에 대해 소개해 드리겠습니다.

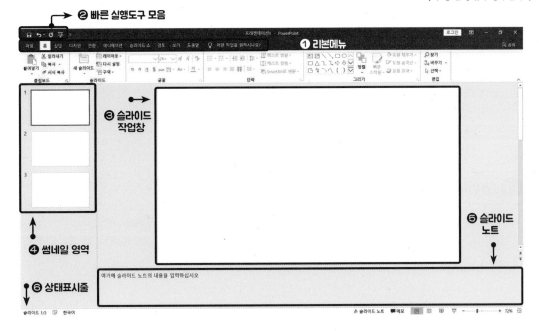

01 리본 메뉴 영역

리본 메뉴 영역은 파워포인트의 각종 기능들을 모아놓은 공구함 같은 곳입니다. 기능별 특성에 따라 [파일], [홈], [삽입], [디자인], [전환], [애니메이션], [슬라이드 쇼], [검토], [보기], [서식] 등의 카테고리로 나누어져 있습니다.

카테고리를 구분하는 버튼은 '탭'이라고 부릅니다. 파워포인트에서 어떠한 기능을 실행하려면 리본 메뉴의 '탭'을 먼저 선택한 후 해당 항목의 세부 기능 아이콘을 찾아 클릭하도록 되어 있습니다. 리본 메뉴 중 [서식] 탭은 슬라이드 영역에서 개체를 선택할 때 활성화되며, 해당 개체의 세부 설정에 특화된 기능들이 모여 있습니다.

리본 메뉴 영역은 슬라이드 영역과 더불어 가장 자주 사용하게 될 영역입니다. 탭을 하나씩 클릭해보면서 어떤 기능들이 있는지 살펴봅니다.

02 빠른 실행 도구 모음(즐겨찾기 영역)

사용 빈도가 높은 기능들을 사용자가 임의로 선별해 고정해둘 수 있습니다. 일종의 '즐겨찾기'라고 보면 됩니다. 리본 메뉴 탭을 오가는 수고를 덜어주어 작업 속도와 편의성을 높이는 데 유용합니다.

03 슬라이드 영역(작업창)

새 파워포인트 문서를 열면 볼 수 있는 백지 영역입니다. 파워포인트 작업의 주무대입니다. 슬라이드 영역에 여러 개체(텍스트, 도형, 이미지, 표, 차트 등의 디자인 구현 요소)를 배치함으로써 슬라이드가 완성됩니다.

04 썸네일 영역

썸네일 영역에는 파워포인트 문서를 이루는 전체 슬라이드가 순서대로 나열되어 있습니다. 각 페이지의 디자인 상태가 작은 이미지로 표시되므로 작업 현황을 알 수 있습니다.

썸네일 영역에서는 페이지 이동, 슬라이드 추가, 제거, 숨기기, 순서 변경과 구역 구분 등을 통해 문서의 구성을 편리하게 관리할 수 있습니다.

05 슬라이드 노트

슬라이드 영역 아랫부분을 위로 드래그하면 각 페이지의 메모장 역할을 하는 슬라이드 노트 영역이 나타납니다. 여기에 작성한 내용은 프레젠테이션을 할 때 '발표자 화면'에서 볼 수 있습니다. 이를 이용해 발표 스크립트, 중요 데이터, 꼭 언급해야 할 키워드를 적어두는데 사용합니다.

06 상태표시줄 영역

파워포인트 작업화면 가장 아래에 위치한 상태표시줄에는 현재 슬라이드 페이지와 관련한 정보들이 나열되어 있습니다. 왼쪽부터 슬라이드 분량과 현재 페이지 번호, 맞춤법 검사기, 현재 언어가 표시됩니다. 오른쪽에서는 화면 모드를 바꿀 수 있습니다.

화면 모드는 슬라이드 디자인 작업이 이뤄지는 '기본', 전체 슬라이드를 썸네일 형식으로 모아 볼 수 있는 '여러 슬라이드', 슬라이드의 애니메이션 등을 재생하며 다른 창의 작업을 할 수 있는 '읽기용 보기', 발표 전용 모드인 '슬라이드 쇼'까지 4종류로 구성되어 있습니다.

마지막으로 가장 오른쪽에는 슬라이드 작업화면의 크기를 조정하는 컨트롤 바가 있습니다. (+) 아이콘 옆 퍼센트(%)를 클릭하면 원하는 화면 비율 수치를 직접 입력할 수 있습니다.

TIP

용어 정리

(1) 파워포인트/PPT

PPT는 마이크로소프트 사의 프레젠테이션 문서 작성 도구인 파워포인트(Powerpoint)의 약자입니다. 보통 파워포인트 프로그램을 부르는 명칭으로 혼용됩니다.
이 책에서 파워포인트는 '프로그램'을 가리키는 용어로, PPT는 파워포인트를 이용해 만든 '문서'를 지칭하는 용어로 쓰고자 합니다.

(2) 개체

슬라이드 디자인에 사용하는 재료를 개체라고 부릅니다. 대표적인 개체로 텍스트, 도형, 이미지, 표, 차트, 영상 클립, 오디오 클립 등이 있습니다.

(3) 단축키

파워포인트의 기본 조작 방법은 리본 메뉴 탭을 선택한 후 원하는 기능 아이콘을 찾아 클릭하는 것입니다. 단축키는 이러한 여러 차례의 클릭 과정을 생략하고 바로 기능을 활성화해주는 키보드 키 조합을 의미합니다.

(4) 우클릭

마우스 오른쪽 버튼을 클릭하는 것을 말합니다. 우클릭한 지점 또는 개체와 관련한 세부적인 조정 메뉴를 불러올 때 사용합니다.

02 파워포인트 메뉴 소개

파워포인트의 각종 기능은 특성에 따라 [탭]이라 하는 리본 메뉴의 카테고리 별로 분류되어 있습니다. 이번 장에서는 필요한 기능을 찾아 헤매는 수고를 덜 수 있도록 각 [탭]의 특징과 주요 기능을 간략히 살펴보겠습니다.

01 파일

문서 저장, 불러오기뿐만 아니라 작업 환경 설정, 빠른 실행 도구 모음 설정, 프린트 등 파워포인트 프로그램의 컨트롤 센터 역할을 하는 탭입니다.

핵심기능

• 열기(최근 항목), 정보(프레젠테이션 보호/검사), 다른 이름으로 저장, 인쇄, 옵션

▲ 파일 탭 주요 기능

02 홈

작업의 기초가 되는 슬라이드, 글꼴, 문서 포맷, 도형 개체 편집과 관련된 기능이 모여 있습니다.

핵심기능

• 서식복사, 레이아웃, 글꼴 서식 그룹, 텍스트 맞춤, 줄 간격, 개체 정렬, 찾기, 바꾸기

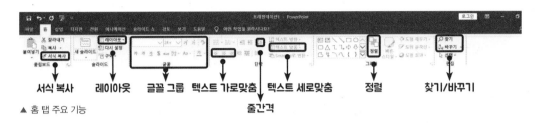

▲ 홈 탭 주요 기능

03 삽입

파워포인트 디자인에 사용되는 각종 개체 생성과 삽입 기능을 모아둔 탭입니다.

핵심기능

• 새 슬라이드, 표, 그림, 도형, 차트, 텍스트 상자, 기호(특수문자), 비디오, 오디오

▲ 삽입 탭 주요 기능

04 디자인

PPT 문서 배경 테마와 기본 서식을 설정하는 항목입니다. 기본 템플릿을 제공하고 있으나 그다지 추천하지 않습니다.

핵심기능

• 슬라이드 크기

▲ 디자인 탭 주요 기능

05 전환

슬라이드를 다음 장으로 넘길 때 적용할 비주얼 효과를 선택하는 탭입니다. 선택한 전환 효과 종류, 발동 시간, 화면 전환 타이밍 등을 설정할 수 있습니다.

핵심기능

• 슬라이드 화면 전환 그룹, 효과 옵션, 타이밍 설정 그룹

▲ 전환 탭 주요 기능

06 애니메이션

특정 개체에 동작(애니메이션) 효과를 부여하고 발동 조건, 타이밍과 순서 등을 조정하는 탭입니다.

핵심기능

• 애니메이션 추가, 효과 옵션, 애니메이션 창, 타이밍 설정 그룹

▲ 애니메이션 탭 주요 기능

07 슬라이드 쇼

파워포인트 본연의 기능인 프레젠테이션 시 사용하는 기능들을 모아둔 탭입니다.

핵심기능

• 슬라이드 재생(처음부터/현재 슬라이드부터), 슬라이드 쇼 설정, 발표자 보기 사용

▲ 슬라이드쇼 탭 주요 기능

08 검토

파워포인트를 문서 작성도구로 활용할 때 필요한 맞춤법 검사, 메모, 비교 등의 보조 기능을 모아두었으나 사용 빈도가 낮은 탭입니다.

▲ 검토 탭 주요 기능

09 보기

파워포인트 보기 모드 변경, 가이드라인 표시, 확대/축소 등 작업화면의 형태를 조정하는 기능들이 주로 이 탭에 속합니다. [검토] 탭과 마찬가지로 사용 빈도가 낮은 편입니다.

핵심기능

• 슬라이드 마스터, 눈금자, 눈금선, 안내선

▲ 보기 탭 주요 기능

10 서식

[서식] 탭은 개체를 클릭할 때만 나타납니다. 탭에 속한 기능들의 구성 역시 지정한 개체 유형에 따라 달라집니다. 선택한 개체만을 위한 세부 세팅 메뉴라고 보면 됩니다. [서식] 탭에서 자주 사용하는 기능은 개체마다 다릅니다.

▲ 서식 탭 주요 기능

03 파워포인트 최적화를 위한 옵션 설정

자동차의 계기판 배치와 기능 위치 파악이 끝나면 바로 시동을 걸면 되나요? 아닙니다. 사이드미러와 백미러 세팅, 의자 각도와 다리 길이 조정 등 쾌적한 운행을 위해 운전 환경을 먼저 맞춥니다.

한 번 세팅을 해두면 두고두고 편하게 운전할 수 있는 것처럼 옵션 몇 가지만 체크해두면 작업 편의성이 매우 높아집니다. 본격적인 스킬 학습에 앞서 꼭 필요한 파워포인트 작업 환경 최적화를 해보겠습니다. 하나씩 따라해보세요.

파워포인트 작업 환경 최적화는 대부분 [옵션] 창에서 이뤄집니다.

경 로
• [파일] 탭 → [옵션] → 설정하려는 영역 선택

단축키
• Alt + F + T

[옵션] 창에서는 항목 별로 세세한 환경 설정을 할 수 있지만, 그 중에서 작업 효율을 높여주는 필수 옵션 몇 가지만 함께 살펴보겠습니다.

▲ 옵션 창

01 [언어 교정] 항목

텍스트 입력 시 맞춤법 검사, 자동 수정, 관용어구 입력 기능 등을 설정할 수 있습니다.

1. 자동 고침 옵션

1-1. [자동 고침] 탭

[옵션] 창의 [언어 교정] 항목에서 [자동 고침 옵션] 버튼을 누르면 문서 자동 수정과 관련한 설정을 모아둔 별도의 창이 활성됩니다.

경 로
• [옵션] 창 → [언어 교정] 항목 → [자동 고침 옵션] → [자동 고침] 창 활성화 → [자동 고침] 탭

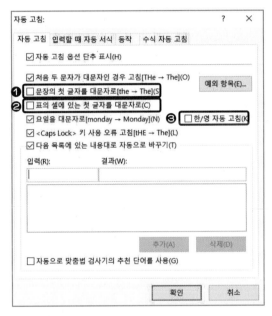

▲ 언어 교정_자동 고침 옵션

[자동 고침 옵션] 창의 [자동 고침] 탭에서 다음 3개의 체크박스를 해제합니다.
❶ ☐ 문장의 첫 글자를 대문자로
❷ ☐ 표의 셀에 있는 첫 글자를 대문자로
 → 영문 입력 시 첫 글자를 무조건 대문자로 변경하는 옵션입니다. 체크를 해제해야 소문
  자를 입력해야 할 때 다시 변경해주는 수고를 덜 수 있습니다.
❸ ☐ 한/영 자동 고침
 → 한/영 자동 고침이 체크되어 있을 경우 파워포인트에 등록되지 않은 한글 단어나 표현
  이 입력되면 멋대로 영문으로 바뀝니다. 다시 수정하기 번거로울뿐더러 자칫 변경된
  것을 놓치고 넘어가면 그대로 오타가 되어 버리니 체크 해제하는 것이 좋습니다.

관용어구 설정

파워포인트에서는 [자동 고침 옵션]의 '다음 목록에 있는 내용대로 자동으로 바꾸기' 기능을 활용하면 자주 사용하는 문장이나 단어를 관용어구로 지정 가능합니다. 관용어구로 지정된 문장이나 단어는 미리 설정한 간단한 축약어만 입력하면 자동으로 전체가 완성됩니다. (⑩ ㅇㄴ → 안녕하세요) 관용어구 기능을 적절히 이용하면 텍스트 입력 작업 효율이 높아집니다.

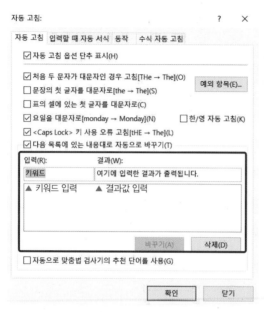

▲ 관용어구 설정

1) [자동 고침 옵션] 창을 엽니다.
2) [자동 고침] 탭의 '다음 목록에 있는 내용대로 자동으로 바꾸기' 옵션을 체크해둡니다.
3) '입력' 칸에 축약어로 쓸 키워드를 입력합니다. (⑩ ㅇㄴ)
4) '결과' 칸엔 완성된 단어나 문장을 입력합니다. (⑩ 안녕하세요)
5) '확인' 버튼을 클릭합니다.

이후 텍스트 상자를 삽입하여 미리 지정한 축약어를 입력하면 즉시 문장이 완성되는 것을 볼 수 있습니다.

1-2. [입력할 때 자동 서식] 탭

[자동 고침 옵션] 창의 두 번째 탭입니다. 여기서도 텍스트 입력 시 임의로 글자나 서식이 바뀌는 상황을 제어할 수 있습니다.

경 로

• [옵션] 창 → [언어 교정] 항목 → [자동 고침 옵션] → [자동 고침] 창 활성화 → [입력할 때 자동 서식] 탭

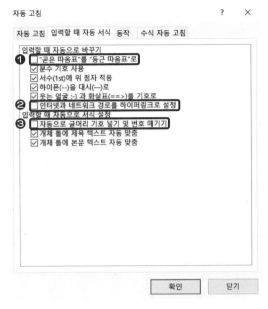

▲ 언어 교정_입력 자동 서식

[자동 고침 옵션] 창의 [입력할 때 자동 서식] 탭에서 다음 3개 체크박스를 해제합니다.

❶ □ "곧은 따옴표"를 "둥근 따옴표"로

→ 이 항목이 체크되어 있으면 문장의 앞뒤에 따옴표를 입력할 때("，") 뒤쪽 따옴표 모양이 바뀝니다. 그런데 한 쪽만 변경되다보니 서식의 일관성이 틀어져 오타로 여겨지거나 지저분해 보입니다. 이를 방지하고 원래 폰트의 따옴표 모양을 적용하기 위해 체크를 해제하는 것이 좋습니다.

❷ □ 인터넷과 네트워크 경로를 하이퍼링크로 설정

→ 이 옵션이 체크되어 있으면 인터넷 사이트 주소(http://~)를 입력할 때 자동으로 하이퍼링크가 적용되며 해당 텍스트의 서식(폰트 크기, 색상, 밑줄 여부 등)이 변경됩니다. 이에 따라 디자인의 일관성이 흐트러집니다.

❸ □ 자동으로 글머리 기호 넣기 및 번호 매기기

→ 슬라이드에 텍스트를 입력하다 보면 줄바꿈 해가며 여러 항목을 넘버링 해야 할 때가 있습니다. 이때 이 옵션이 체크되어 있으면 1., 2., 3. 등 넘버링을 하는 순간 '글머리 기호'나 '번호'가 적용되어 버립니다.

하지만 이 경우 글머리 기호나 번호와 본문 텍스트 간격이 크게 벌어져 원하는 디자인을 구현하기 어려워집니다. 또한 텍스트 입력 중 줄바꿈을 위해 Enter 키를 누르면 문장이 끝나지 않았음에도 다음 글머리 기호나 번호가 자동 적용됩니다.

이를 막기 위해 매번 줄바꿈할 때마다 (Shift) + (Enter) 키를 누르거나, 잘못 변경된 부분의 옵션을 일일이 해제해야 하는 번거로운 상황이 생기므로 체크하지 않는 것을 권합니다.

2. 맞춤법 검사 해제

슬라이드를 작성하다 보면 텍스트 아래 빨간색 밑줄이 나타나는 것을 볼 수 있습니다. 파워포인트가 맞춤법 오류라 판단한 부분을 표시해주는 것입니다. 그런데 파워포인트 데이터 베이스의 어휘가 한정적이다 보니 맞춤법 체크 기능에 한계가 있습니다. 신조어나 축약어, 전문용어를 맞춤법 오류라 판단하곤 합니다. 그러다보니 맞춤법 검사 기능을 활성화해두면 여기저기 빨간 밑줄이 나타나 번잡해보입니다. 따라서 디자인에 방해가 됩니다.

평소 작업할 때는 맞춤법 기능을 꺼두고 완성 직전에 활성화하여 최종 체크하는 방식으로 사용할 것을 권장합니다. 맞춤법 검사를 해제하는 방법은 다음과 같습니다.

경 로
• [옵션] 창 → [언어 교정] 항목 → [자동 고침 옵션] → [입력할 때 자동으로 맞춤법 검사] 체크 해제

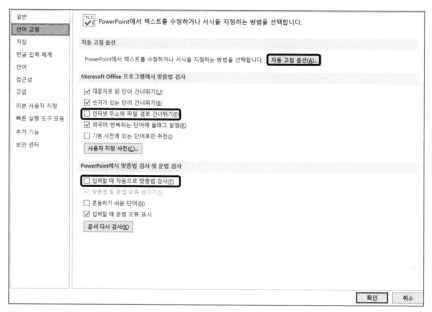

▲ [옵션] 창 [언어 교정] 세팅

02 [저장] 항목

파워포인트로 작성한 PPT 파일 저장과 관련한 옵션을 설정할 수 있습니다. 다음 2가지만 체크하면 됩니다.

1. 자동 저장 간격 설정(5분)

경 로

• [옵션] 창 → [저장] 항목 → [프레젠테이션 저장] 그룹 → [자동 복구 정보 저장 간격(5분)] 설정

[옵션] 창의 [저장] 항목을 클릭한 후 그대로 오른쪽을 보면 '자동 복구 정보 저장 간격'이라는 항목이 보입니다. 말 그대로 파워포인트 파일의 자동 저장 간격을 정하는 메뉴입니다. 자동 복구 정보 저장은 갑작스런 시스템 오류나 기기 고장에 따른 작업 손실을 최소화해주는 고마운 기능입니다.

기본 값은 10분입니다. '5분' 내외로 입력할 것을 권합니다. 이보다 간격이 짧으면 자동 저장이 빈번해지며 오히려 작업의 맥을 끊기 쉽습니다. PPT 파일이 커지거나 컴퓨터 성능이 낮을수록 저장에 걸리는 시간이 늘어나기 때문입니다.

▲ 자동 복구 저장 간격 설정

2. 파일의 글꼴 포함 저장

경 로

• [옵션] 창 → [저장] 항목 → [프레젠테이션 저장] 그룹 → [파일의 글꼴 포함] → [프레젠테이션에 사용되는 문자만 포함] 체크

자동 저장 간격을 변경한 후 그대로 밑으로 내려가면 '파일의 글꼴 포함'이라는 체크 박스가 있습니다. 체크가 안 되어 있다면 체크합니다.

이 옵션을 체크하는 이유는 PPT 문서의 글꼴이 깨지는 것을 막기 위해서입니다. 공들여 디자인한 PPT 파일을 다른 컴퓨터에서 열었을 때 폰트가 임의로 바뀌어 가독성이 낮아지고 전체적인 디자인이 망가져 곤란했던 경험을 한 번쯤 해보셨을 것입니다.

파워포인트는 문서를 열 때 컴퓨터에 설치된 폰트를 불러옵니다. 이때 PPT에 사용한 폰트가 컴퓨터에 설치되어 있지 않으면 임의의 폰트로 대체해버립니다. 이를 방지하기 위해 미리 '파일의 글꼴 포함'을 체크해두면 문서 작성에 사용한 폰트가 PPT 파일에 함께 저장되어 글꼴이 정상적으로 나타납니다.

'파일의 글꼴 포함 저장'을 체크하면 다음 두 가지 세부 옵션을 선택하게 됩니다.

❶ 프레젠테이션에 사용되는 문자만 포함(파일의 크기를 줄여줌)
   → PPT 파일 작성에 사용한 폰트만 저장합니다. 이 항목을 체크해두면 폰트가 설치되어 있지 않은 컴퓨터에서도 텍스트 깨짐 없이 '읽을 수' 있게 됩니다. 단, 편집은 불가능합니다.
❷ 모든 문자 포함(다른 사람이 편집할 경우 선택)
   → 내 컴퓨터에 설치된 모든 폰트를 PPT 파일 안에 저장하는 옵션입니다. 별도의 폰트 설치 과정 없이 다른 컴퓨터에서도 PPT 문서를 편집할 수 있습니다. 하지만 사용하지 않는 폰트까지 전부 포함해 저장하기 때문에 PPT 파일 용량이 매우 커지고 저장 시간이 오래 걸린다는 단점이 있습니다.

두 옵션 중 '프레젠테이션에 사용되는 문자만 포함'을 체크해두길 권합니다. 문서를 수정해야 할 경우엔 PPT 작성에 사용한 폰트를 해당 컴퓨터에 따로 설치하는 편이 보다 가볍고 안정적입니다. 한 번 적용하면 모든 문서 작업에 적용되는 다른 옵션과 달리 '파일의 글꼴 포함'은 새로운 문서를 만들 때마다 체크해주셔야 합니다.

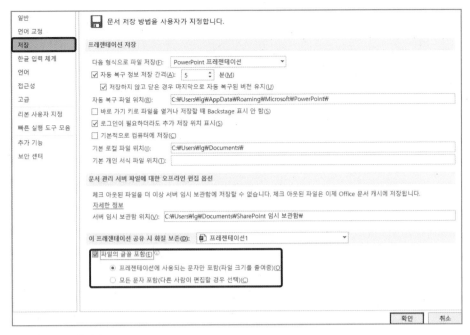

▲ 파일의 글꼴 포함 저장

03 [고급] 항목

[고급] 항목에서는 개체 편집, 슬라이드 쇼와 인쇄 등의 세세한 옵션 설정이 가능합니다.

1. 실행 취소 최대 횟수 조정(150회)

경 로

• [옵션] 창 → [고급] 항목 → [실행 취소 최대 횟수] → '150'회 입력

파워포인트에서 하는 대부분의 작업은 '실행 취소' 단축키인 Ctrl + Z 키를 눌러 한 단계씩 되돌릴 수 있습니다. 시행착오를 겪더라도 되돌릴 수 있기에 든든한 기능입니다. 단, 사소한 작업 하나까지 실행 횟수로 카운트 되기 때문에 취소 가능한 횟수를 넉넉하게 잡아두는 것이 좋습니다.

[옵션] 창에서 [고급] 항목을 클릭한 후 그대로 오른쪽을 보면 '실행 취소 최대 횟수' 입력칸을 찾을 수 있습니다. 기본적으로 30회로 설정되어 있습니다. 턱 없이 모자랍니다. 150회로 변경해주세요. 마음 같아선 더 큰 숫자를 입력하고 싶지만 150회가 최대치입니다. 아주 중요한 옵션이니 놓치지 말고 변경해두기 바랍니다.

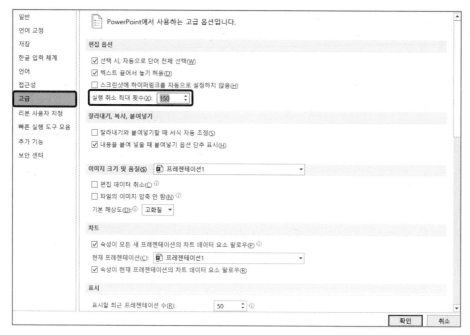

▲ 실행 취소 최대 횟수 조정

2. 최근 작업한 PPT 파일 표시 수 조정

경 로

• [옵션] 창 → [고급] 항목 → [표시할 최근 프레젠테이션 수] → '50'개 입력

파워포인트 프로그램에는 최근 작업한 문서 목록을 보고 바로 파일을 열 수 있는 메뉴가 있습니다. 리본 메뉴 [파일] 탭을 클릭하고 [열기] 항목(단축키 Ctrl + O)을 누르면 됩니다. 이 최신 목록에 몇 개의 파일을 나열할지 설정해봅시다.

[옵션] 창을 열어 [고급] 항목으로 들어간 후 [표시] 옵션 그룹으로 내려오세요. 첫 줄에 '표시할 최근 프레젠테이션 수'를 설정할 수 있는 입력칸이 보입니다. 원하는 개수를 입력하세요.

이후 Ctrl + O 키를 눌러 [열기] 항목에 들어가 보면 앞서 입력한 수치만큼 최근 작업 문서들이 나열되는 것을 볼 수 있습니다. [열기] 항목을 활용하면 PPT 파일을 열기 위해 일일이 폴더를 찾아 들어가는 노력을 아낄 수 있습니다.

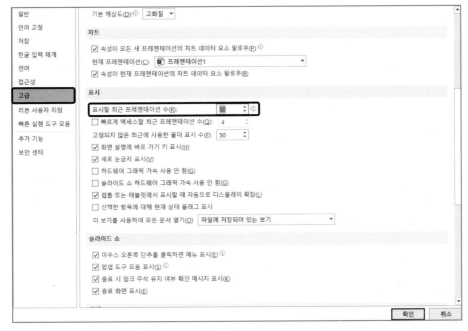

▲ 표시할 최근 PPT 파일 수 설정

3. 인쇄 설정

경 로

• [옵션] 창 → [고급] 항목 → [인쇄] → 옵션 전부 체크

보고서, 제안서 등 회사에서 작성하는 실무 PPT 문서는 대부분 인쇄를 전제로 합니다. 인쇄 기능을 원활하게 사용하고 고품질의 결과물을 얻으려면 [고급] 항목의 [인쇄] 옵션을 전부 체크 해두기 바랍니다.

☐ 다른 작업하면서 인쇄

☐ 트루타입 글꼴을 그래픽으로 인쇄

☐ 삽입 개체를 프린터 해상도로 인쇄

☐ 고품질

☐ 투명 그래픽을 프린터 해상도에 맞춤

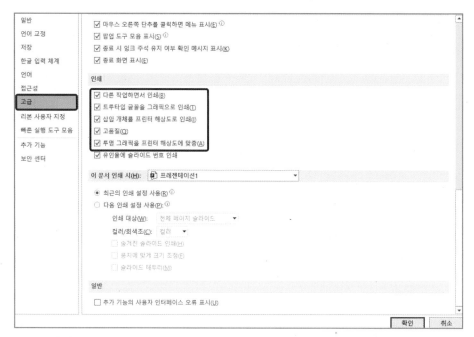

▲ 인쇄 옵션 설정

이 정도면 파워포인트의 성능을 제대로 활용하는 데 필요한 필수 옵션 최적화가 끝났습니다. 이후 파워포인트를 사용하다가 필요에 따라 추가로 옵션을 설정하거나 변경하고 싶을 때는 [파일] 탭의 [옵션] 항목(단축키: Alt + F + T)을 열어보세요.

빠른 실행 도구 모음

자주 찾는 인터넷 사이트를 '즐겨찾기'에 등록해두는 것처럼 파워포인트 작업 시 자주 사용하는 기능들을 별도로 추려놓을 수 있습니다. 엄선하여 '즐겨찾기'해둔 기능이 모여 있는 영역을 [빠른 실행 도구 모음]이라 부릅니다. [빠른 실행 도구 모음]은 단축키 활용과 더불어 파워포인트 작업 속도를 비약적으로 향상시켜주는 매우 유용한 기능입니다.

파워포인트에서 특정 기능을 사용하려면 먼저 리본 메뉴 탭을 선택하고 원하는 기능을 찾아내 클릭해야 합니다. [빠른 실행 도구 모음]은 이 과정에서 일어나는 최소 2~3차례의 클릭 횟수를 1회로 단축시켜 줍니다.

또한 [빠른 실행 도구 모음]에 등록된 기능에는 별도의 단축키가 부여됩니다. 이에 익숙해지면 마우스를 움직일 필요없이 기능을 사용할 수도 있습니다.

어차피 자주 사용하는 기능은 한정적입니다. 이러한 핵심 기능들을 빠르게 사용할 수 있도록 간추리고 단축키를 익혀두면 작업 효율성이 크게 개선됩니다. [빠른 실행 도구 모음]을 세팅하고 활용하는 방법에 대해 배워봅시다.

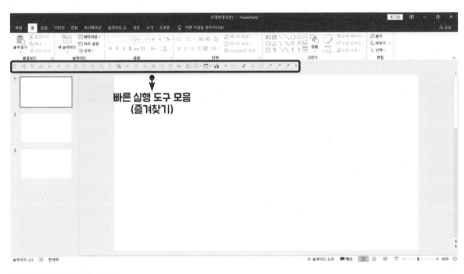

▲ 빠른 실행 도구 모음_예시

01 [빠른 실행 도구 모음] 위치 조정

[빠른 실행 도구 모음] 영역은 기본적으로 리본 메뉴 위에 위치하고 있습니다. 디자인 작업이 이뤄지는 슬라이드 영역과 거리가 멀어 동선이 길어집니다. 활용도를 높이기 위해 [빠른 실행 도구 모음]의 위치를 리본 메뉴 아래로 조정하여 마우스 동선을 단축하겠습니다.

❶ 파워포인트 왼쪽 상단을 보면 4개의 아이콘이 나열되어 있는 것을 볼 수 있습니다. 이 영역이 [빠른 실행 도구 모음]입니다. 기본적으로 등록된 아이콘의 오른쪽 끝에 있는 작은 화살표를 클릭하세요.

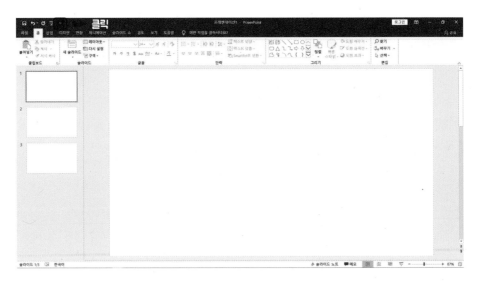

❷ [빠른 실행 도구 모음 사용자 지정] 메뉴가 열립니다. 맨 아래 [리본 메뉴 아래에 표시]를 클릭하세요. [빠른 실행 도구 모음] 영역의 위치가 리본 메뉴 아래로 바뀝니다.

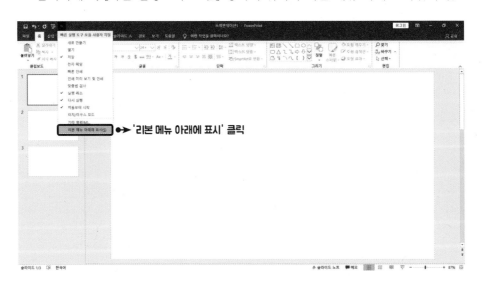

'리본 메뉴 아래에 표시' 클릭

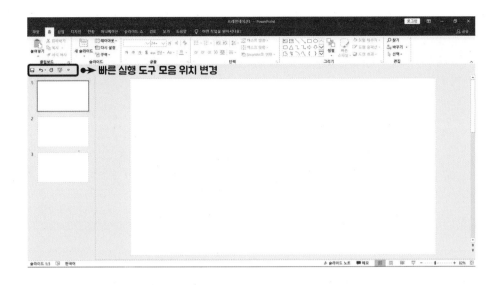

02 [빠른 실행 도구 모음] 세팅 방법

[빠른 실행 도구 모음] 영역에 원하는 기능을 추가하는 방법은 크게 두 가지입니다.

1. 개별적으로 [빠른 실행 도구 모음]에 기능 추가/삭제하기

❶ 리본 메뉴에서 [빠른 실행 도구 모음] 영역에 추가할 기능을 찾아 우클릭하세요.

❷ 기능 아이콘을 우클릭하면 '빠른 실행 도구 모음에 추가'라는 선택지가 나타납니다.

❸ '빠른 실행 도구 모음에 추가'를 클릭하면 해당 기능 아이콘이 [빠른 실행 도구 모음] 영역에 등록됩니다.

※ [빠른 실행 도구 모음] 영역에서 제거할 기능 아이콘을 우클릭 후 '빠른 실행 도구 모음에서 제거'를 선택하면 등록 해제됩니다.

미 션

• [빠른 실행 도구 모음] 영역에 기능 3개를 추가한 후 다시 제거해보세요.

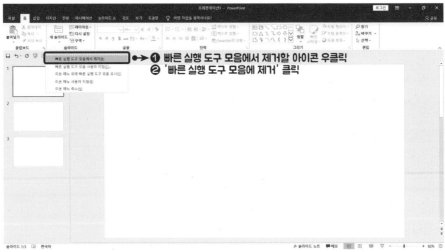

▲ 빠른 실행 도구 모음 개별 기능 추가/제거

2. 일괄적으로 [빠른 실행 도구 모음]에 기능 추가/삭제하기

❶ Alt + F + T 키를 순서대로 눌러 [옵션] 창을 불러옵니다.

❷ [옵션] 메뉴 중 [빠른 실행 도구 모음] 항목을 클릭하세요.

❸ [빠른 실행 도구 모음 사용자 지정] 창 왼쪽에는 파워포인트의 기능들이 가나다 순으로 나열되어 있습니다. 상단 [명령 선택]에서 '모든 명령'을 선택하면 전체 기능 목록이 보입니다.

❹ 즐겨찾기하려는 기능을 왼쪽 목록에서 찾은 후 가운데 '추가' 버튼을 클릭하세요. 선택한 기능이 오른쪽 영역(빠른 실행 도구 모음)에 등록됩니다.

❺ 제거할 기능은 오른쪽 영역에서 선택하고 가운데 '제거' 버튼을 클릭하면 삭제됩니다.

❻ 오른쪽 영역에서 '위/아래 화살표'를 눌러 기능의 배열 순서를 조정할 수 있습니다.

❼ '확인'을 눌러 대화상자를 닫으면 [빠른 실행 도구 모음] 영역에 선택한 기능들이 등록된 것을 볼 수 있습니다.

미 션

• 다음 기능을 추가해보세요.
→ ① 개체 가운데 맞춤, ② 그림 자르기, ③ 도형 병합, ④ 배경 제거, ⑤ 선택 창 표시, ⑥ 차트 추가,
⑦ 행높이를 같게

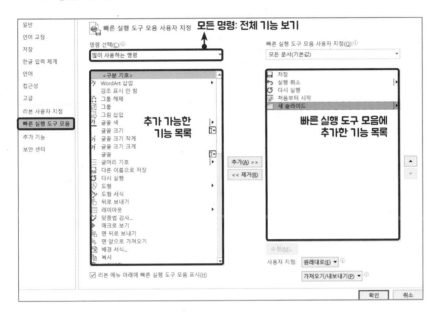

▲ 빠른 실행 도구 모음 기능 일괄 추가/제거

03 [빠른 실행 도구 모음]에 추가한 기능을 단축키로 활용하기

자주 사용하는 기능들을 [빠른 실행 도구 모음]에 등록함으로써 리본 메뉴를 오가는 수고가 확연히 줄어들게 됩니다. 게다가 마우스 동선도 짧아집니다. 이 정도만 해도 작업 속도가 개선됩니다. 그런데 여기서 끝이 아닙니다.

[빠른 실행 도구 모음]에 등록된 기능에는 고유의 단축키가 부여됩니다. 작업화면에서 Alt 키를 눌러보면 [빠른 실행 도구 모음]에 등록된 아이콘 위에 '숫자/문자'가 나타납니다. 이것이 각 기능에 부여된 단축키입니다.

'Alt + 기능에 부여된 숫자/문자'를 누르면 클릭 없이 기능을 활성화할 수 있게 됩니다. 가장 자주 사용하는 기능을, 작업 환경 가까운 곳에 모아두고, 단축키까지 부여하니 손에 익기 시작하면 제작 속도가 빨라지지 않을 수 없습니다.

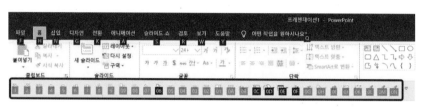

▲ 빠른 실행 도구 모음_단축키로 활용하기

04 최적화한 [빠른 실행 도구 모음]을 다른 컴퓨터에서도 사용하는 법

[빠른 실행 도구 모음]에 익숙해지면 파워포인트 사용이 무척 편리해집니다. [빠른 실행 도구 모음] 세팅이 안 된 다른 컴퓨터를 사용하게 되면 아쉽다는 정도가 아니라 불편함을 느끼게 될 것입니다.

다른 컴퓨터에서도 [빠른 실행 도구 모음]을 사용하려면 일일이 다시 추가해야 할까요? 그럴 필요 없습니다. 클릭 몇 번으로 내게 최적화된 [빠른 실행 도구 모음] 세팅 파일을 만들고 다른 컴퓨터에 쉽게 등록할 수 있습니다.

1. [빠른 실행 도구 모음] 세팅 파일 만들기

경 로

• 리본 메뉴 [파일] 탭 → [옵션] → [빠른 실행 도구 모음] → [빠른 실행 도구 모음 사용자 지정] 창 활성화

❶ [빠른 실행 도구 모음 사용자 지정] 창 오른쪽 하단에 위치한 '사용자 지정' 항목에서 '가져오기/내보내기' 버튼을 클릭합니다.

❷ 두 번째 선택지인 '모든 사용자 지정 항목 내보내기'를 클릭하고 생성될 파일 저장 위치를 선택합니다.

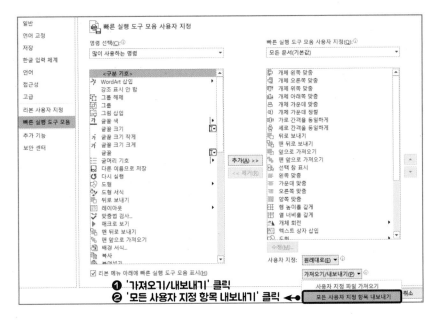

❸ 지정한 위치에 'PowerPoint Customizations.exportedUI'라는 파일이 생성됩니다. 이 파일은 내 컴퓨터의 [빠른 실행 도구 모음] 정보를 담고 있습니다. 이메일이나 USB 등을 통해 설치할 컴퓨터로 보냅니다.

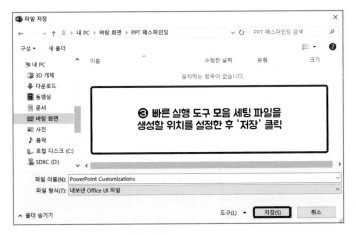

PowerPoint
Customizations.exportedUI

❹ 빠른 실행 도구 모음
세팅 파일 생성

▲ 빠른 실행 도구 모음 세팅 파일 내보내기

2. [빠른 실행 도구 모음] 세팅 파일 불러오기

경 로

• 리본 메뉴 [파일] 탭 → [옵션] → [빠른 실행 도구 모음] → [빠른 실행 도구 모음 사용자 지정] 창 활성화

❶ [빠른 실행 도구 모음 사용자 지정] 창 오른쪽 하단에 위치한 '사용자 지정' 항목에서 '가져오기/내보내기' 버튼을 클릭합니다.

❷ 첫 번째 선택지인 '사용자 지정 파일 가져오기'를 클릭합니다.

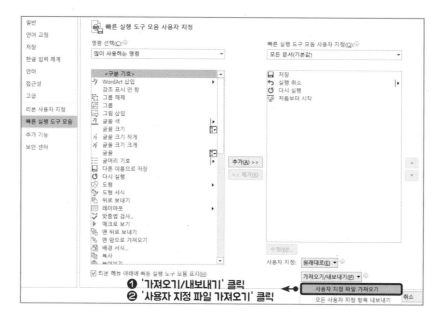

❸ 'PowerPoint Customizations.exportedUI' 파일을 찾아 불러옵니다.

❹ 새로운 컴퓨터의 파워포인트에 내게 최적화한 [빠른 실행 도구 모음]이 똑같이 등록됩니다.

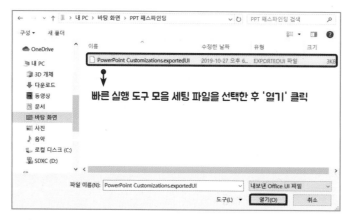

▲ 빠른 실행 도구 모음 세팅 가져오기

[빠른 실행 도구 모음] 등록 추천 기능

1) 개체 맞춤: 개체 간격, 위치 정렬 선을 쉽게 맞추도록 도와줍니다.
   - 개체 왼쪽 맞춤, 개체 오른쪽 맞춤, 개체 위쪽 맞춤, 개체 아래쪽 맞춤, 개체 가운데 맞춤,
     개체 가운데 정렬, 가로 간격을 동일하게, 세로 간격을 동일하게
2) 개체 순서: 개체의 배열 순서를 변경해줍니다.
   - 뒤로 보내기, 맨 뒤로 보내기, 앞으로 가져오기, 맨 앞으로 가져오기
3) 선택창 표시: 슬라이드에 배치된 모든 개체 목록을 표시해줍니다. 순서 변경에 유용합니다.
4) 텍스트 맞춤: 텍스트의 정렬 형태를 변경해줍니다.
   - 왼쪽 맞춤, 가운데 맞춤, 오른쪽 맞춤, 양쪽 맞춤
5) 표 규격 맞춤: 표의 높이나 너비를 일정하게 만들어줍니다.
   - 행 높이를 같게, 열 너비를 같게
6) 개체 회전: 선택한 개체의 대칭을 전환하거나 좌우로 회전해줍니다.
7) 텍스트 상자 그리기: 슬라이드 영역에 텍스트 상자를 삽입합니다.
8) 도형: 슬라이드 영역에 삽입할 수 있는 도형 목록을 보여줍니다.
9) 표 추가: 표를 삽입해줍니다.
10) 차트 추가: 차트를 추가해줍니다.
11) 서식 복사: 선택한 개체에 적용된 서식을 그대로 다른 개체에 적용해줍니다.
12) 도형 병합: 두 개체를 병합하거나 제거하여 새로운 형태의 개체를 만듭니다.
13) 자르기: 이미지 개체의 불필요한 부분을 잘라냅니다.
14) 배경 제거: 이미지 개체의 배경을 제거해 투명하게 만들어줍니다.

05 필수 단축키

① 복사
　Ctrl + C
② 붙여넣기
　Ctrl + V
③ 복제
　Ctrl + D
④ 잘라내기
　Ctrl + X

⑤ 전체 선택
　Ctrl + A
⑥ 파일 저장
　Ctrl + S
⑦ 글자 확대
　Ctrl +]
⑧ 글자 축소
　Ctrl + [

⑨ 인쇄
　Ctrl + P
⑩ 그룹 지정
　Ctrl + G
⑪ 그룹 해제
　Ctrl + Shift + G
⑫ 서식 복사
　Ctrl + Shift + C

⑬ 서식 붙여넣기
　Ctrl + Shift + V
⑭ 실행 취소
　Ctrl + Z
⑮ 취소 번복
　Ctrl + Y
⑯ 복수 개체 선택/선택
　해제
　Ctrl + 마우스 클릭

MEMO

POWERPOINT

파워포인트 기본 조작법

01 슬라이드 크기 설정

파워포인트 2013 이후 버전에서 새 문서(Ctrl + N)를 열 때 기본적으로 세팅되는 슬라이드 비율은 16:9입니다. 크기로는 너비 33.867cm, 높이 19.05cm입니다.(파워포인트 2010 이하는 4:3 비율로 너비 25.4cm, 높이 19.05cm입니다.)

슬라이드 제작 목적에 따라 적합한 비율과 크기가 달라집니다. 예를 들어 4:3 표준 비율은 인쇄용 자료를 만들 때 주로 사용합니다. 16:9 와이드스크린 비율은 발표 전용 PPT나 영상용 콘텐츠에 주로 사용됩니다. 이 두 기본 사이즈 외에 얼마든지 주요 용지 규격이나 임의의 사이즈로 슬라이드 크기를 변경할 수 있습니다.

01 슬라이드 크기 조정하기

새 문서를 작성할 때 본격적인 작업에 앞서 제작 목적에 맞는 슬라이드 크기를 미리 세팅하는 것이 좋습니다. 만약 개체를 배치한 후 슬라이드 크기를 조정할 경우, 개체 위치와 크기가 모두 바뀌기 때문에 흐트러진 개체들을 재배치하고 크기를 정상화하는 작업을 다시 해야 해 몹시 비효율적입니다.

슬라이드 크기는 다음 절차에 따라 센티미터(cm) 단위로 변경할 수 있습니다.

경로

• 리본 메뉴 [디자인] 탭 → [슬라이드 크기] → [사용자 지정 슬라이드 크기] → '너비/높이'에 원하는 수치 입력

❶ 리본 메뉴 [디자인] 탭을 클릭합니다.
❷ 하위 메뉴 우측에 위치한 [슬라이드 크기] 아이콘이 있습니다. 클릭하면 세 가지 기본 옵션이 제시됩니다. 목적에 맞춰 원하는 비율을 선택합니다.
 – **표준(4:3)**: 인쇄용 자료에 적합(너비 25.4cm × 높이 19.05cm)
 – **와이드(16:9)**: 발표용 자료에 적합(너비 33.867cm × 높이 19.05cm)
 – **사용자 지정**: 자유롭게 임의 규격 선택 가능

❸ 표준이나 와이드 외의 규격으로 변경하려면 [사용자 지정 슬라이드 크기]를 클릭합니다. 그러면 슬라이드 크기 조정을 위한 별도의 창이 나타납니다.

❹ [슬라이드 크기 조정] 창에서 '너비'와 '높이' 항목에 원하는 수치를 입력하고 '확인' 버튼을 누릅니다.

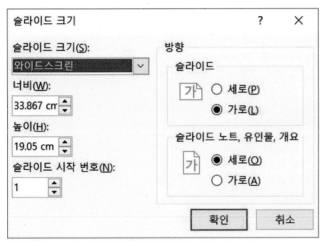

▲ 슬라이드 크기 변경

❺ 선택한 크기에 맞춰 슬라이드 규격이 조정됩니다.

　　2013 버전 이후부터는 슬라이드 크기를 조정하고 나면 '최대화'와 '맞춤 확인' 중 하나를 선택하라는 팝업창이 뜹니다. 작업화면에 개체를 배치하지 않았다면 둘 중 아무 옵션이나 선택하셔도 무방합니다.

슬라이드 크기 최대화/맞춤 확인

※ 개체 배치 전 슬라이드 크기 변경 시 어떤 옵션을 택하든 관계 없습니다.

1) 최대화

슬라이드 크기가 확대될 경우, 변경되는 비율에 맞춰 개체 크기가 확대됩니다. 이때 개체가 슬라이드 바깥으로 나가게 될 수 있습니다

2) 맞춤 확인

슬라이드 크기가 축소될 때 개체 크기도 조정됩니다. 개체 크기가 원본보다 작아지지만 슬라이드 바깥으로 빠져나가지 않습니다.

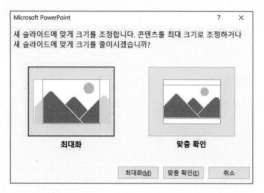

▲ 최대화와 맞춤 확인

02 [슬라이드 크기] 옵션 살펴보기

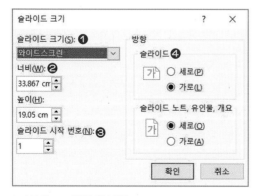

▲ 슬라이드 크기 변경 세부 옵션

❶ 슬라이드 크기

미리 세팅된 자주 사용하는 화면 비율, 각종 서식 규격 목록을 볼 수 있습니다.

❷ 너비/높이

슬라이드의 너비와 높이를 cm 단위로 임의 설정할 수 있습니다.

❸ 슬라이드 시작 번호

PPT 문서에 슬라이드 번호를 삽입할 때 첫 번호를 지정합니다. 표지 다음 장부터 1번이 시작되도록 하려면 이 항목에 0을 입력하면 됩니다.

❹ 방향

슬라이드와 유인물의 방향을 변경합니다. 기본적으로 가로가 긴 구조인 슬라이드를 세로가 긴 형태로 바꿀 때 사용합니다.

슬라이드 크기 조정 기능을 이해하면 보고서나 발표 자료 작성 외에 유튜브 썸네일, 블로그 배너, 카드뉴스 등 다양한 비주얼 콘텐츠 제작에 유용하게 사용할 수 있습니다. '슬라이드 크기 조정은 PPT 작업의 가장 첫 순서'라는 점을 잊지 마세요.

02 안내선 설정

파워포인트 디자인의 첫걸음은 '레이아웃'과 '정렬'을 고려하는 것입니다. 슬라이드에 배치한 개체들이 삐뚤삐뚤하지 않고 같은 선(line)상에 위치해 있다면 매우 정돈된 인상을 주게 됩니다. 또한 매 페이지마다 화면 구성을 규칙적으로 유지하고 적절한 여백을 할애해주면 가독성을 높일 수 있습니다.

이를 위해 '안내선'은 개체 배치의 기준선으로 사용할 수 있는 점선을 생성하여 레이아웃 설정과 유지를 도와주는 기능입니다.

▲ 안내선 설정 여부 비교

01 안내선 활용법

이미지 출처: Photo by Hunters Race on Unsplash

1. 안내선 보기

경　로
• 슬라이드 영역 빈공간을 우클릭 → [눈금 및 안내선] → [안내선]

단축키를 활용하면 더욱 편리합니다. 작업 화면 (Alt) + (F9)를 입력해보세요. 슬라이드 중앙에 십자 형태로 점선이 나타납니다. 단축키를 다시 한 번 누르면 가려집니다.
(※ 노트북 기종에 따라 (Alt) + (Fn) + (F9)를 입력해야 할 수도 있습니다.)

2. 안내선 이동

안내선은 드래그하여 위치를 변경할 수 있습니다. 안내선을 이동할 때 커서가 있던 자리에 숫자가 표시됩니다. 이 숫자는 중앙을 기준으로 한 상하좌우 좌표값입니다. 이를 참고하여 양옆, 위아래 안내선 배치 위치가 대칭이 되도록 설정할 수 있습니다.

3. 안내선 추가

(Ctrl) 키를 누른 채 안내선을 드래그하면 새로운 안내선이 추가됩니다. 실수로 안내선을 모두 지워버렸다면 (Alt) + (F9)를 2회 다시 누르거나 다음 경로를 참고합니다.

경　로
• 슬라이드 영역 빈 공간을 우클릭 → [눈금 및 안내선] → '세로/가로 안내선 추가' 클릭

4. 안내선 삭제

안내선을 제거하는 것은 더욱 간단합니다. 안내선을 우클릭한 후 '삭제'를 선택하거나, 안내선을 드래그하여 작업 영역 바깥으로 끌어당기면 됩니다.

02 안내선 세팅 실습

안내선 기능을 활용해 슬라이드의 상하 좌우에 여백 영역을 설정해보겠습니다.

❶ 파워포인트를 켜고 새 문서를 엽니다.
❷ 안내선 보기 단축키 (Alt) + (F9) 키를 입력합니다.
❸ (Ctrl) 키를 누른 채 세로 안내선을 좌측 15.75 지점으로 드래그합니다.
❹ 같은 방법으로 우측 15.75 지점에 새로운 세로 안내선을 추가합니다.
❺ (Ctrl) 키를 누른 채 가로 안내선을 상단 8.40 지점으로 드래그합니다.
❻ 같은 방법으로 하단 8.40 지점에 새로운 가로 안내선을 추가합니다.

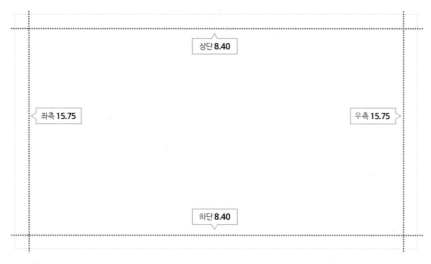

▲ 안내선 설정해보기

이런 방식으로 새 문서에 작업을 시작할 때는 안내선을 추가하고 삭제하며 레이아웃을 설정해줍니다. 여백, 슬라이드 제목, 키 메시지, 본문 등 개체 배치 영역을 지정해두는 것입니다. 이후 PPT 디자인 과정에서도 안내선을 개체 정렬의 기준선으로 적극 활용하길 권합니다.

[안내선 사용 시 주의점]
파워포인트의 대부분의 작업은 실행 취소 단축키(Ctrl + Z)를 이용해 직전 실행을 취소할 수 있습니다. 그런데 안내선에게는 실행 취소가 적용되지 않습니다. 개체를 드래그하려다 자칫 안내선을 엉뚱한 곳으로 옮기게 될 경우, 원래 위치값을 모르면 다시 되돌려놓기 곤란해집니다. 이런 상황에 처하지 않기 위해 레이아웃 라인 등 위치를 고정해두고 옮기지 않을 안내선은 마스터 슬라이드 영역에 세팅해 둘 것을 권장합니다.

※ Alt + Y 를 입력하면 실행 취소(Ctrl + Z)를 번복할 수 있습니다.

TIP

개체 정렬을 도와주는 도구들

1) 안내선: Alt + F9
2) 눈금선: Shift + F9
3) 눈금자: Alt + Shift + F9

색상에 따른 안내선 세팅 위치 구분

1) 회색 점선: '슬라이드' 영역에 세팅한 안내선
2) 노란 점선: '레이아웃' 영역에 세팅한 안내선
3) 빨간 점선: '마스터' 영역에 세팅한 안내선

03 슬라이드 마스터

슬라이드 작업 영역은 '마스터 영역 → 레이아웃 영역 → 슬라이드 영역'으로 분류되는 3개 차원으로 구성되어 있습니다. 슬라이드 영역은 주로 PPT 제작이 이뤄지는 공간입니다. 마스터 영역과 레이아웃 영역은 '슬라이드 마스터'에 속하며 PPT 문서의 배경을 설정하는 공간입니다. 각차원의 역할과 서로의 관계를 이해하면 파워포인트 활용 폭이 더욱 넓어집니다. 특히 PPT 템플릿을 만들고 수정하는 일이 쉬워집니다.

이 장에서는 3가지 작업 영역의 개념에 대해 설명한 후, 슬라이드 마스터의 주요 기능과 활용사례를 살펴보겠습니다.

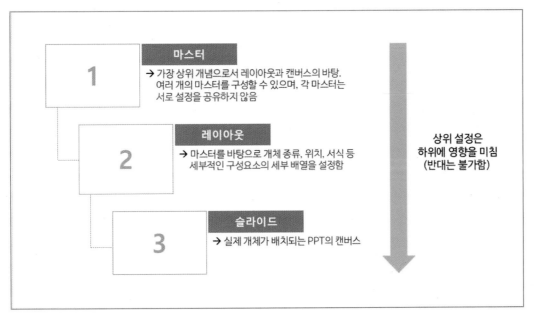

▲ 마스터 슬라이드 관계도

01 슬라이드 작업 영역의 종류

1. 마스터 영역

'마스터'는 작업 영역의 가장 근본이 되는 최상위 차원입니다. 노트에 비유하면 종이의 재질에 해당합니다. 마스터 영역에 개체를 배치하거나 안내선 등을 설정하면 종속되어 있는 모든 레이아웃과 슬라이드 영역에 영향을 미칩니다.

2. 레이아웃 영역

'레이아웃'은 두 번째 차원으로 페이지 별로 기본적으로 배치될 개체 종류와 위치를 미리 구성할 수 있습니다. 노트의 종이 위에 선이나 모눈, 달력 등을 인쇄해 각 용지의 서식을 지정하는 것이라 보면 됩니다. 레이아웃 영역에 세팅해둔 사항들은 해당 레이아웃을 선택한 슬라이드 영역에 영향을 미치게 됩니다.

3. 슬라이드 영역

'슬라이드'는 문서를 열면 마주하게 되는 기본 작업 영역입니다. 마스터 영역과 레이아웃 영역에서 세팅한 안내선, 개체, 서식들이 슬라이드의 배경이 됩니다. 슬라이드 영역은 가장 하위 차원이므로 '개체 틀'을 제외하곤 마스터와 레이아웃 영역에 속한 개체는 건드릴 수 없습니다.

02 [슬라이드 마스터] 둘러보기

경 로

• 리본 메뉴 [보기] 탭 → [슬라이드 마스터]
(Shift 키를 누른 채 '상태표시줄' 오른쪽 화면 모드 중 '기본'을 클릭해도 [슬라이드 마스터]에 들어갈 수 있습니다.)

마스터 영역과 레이아웃 영역을 편집할 수 있는 [슬라이드 마스터]에 들어가면 '썸네일 영역'에 1종의 마스터와 이에 종속된 11종의 기본 레이아웃을 볼 수 있습니다. 기본 레이아웃을 그대로 사용하기보다 전부 삭제한 후 필요에 따라 기호에 맞는 레이아웃을 다시 설정하는 것이 낫습니다.

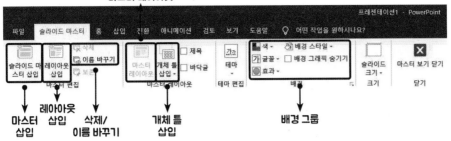

▲ 마스터 탭 주요 기능

마스터와 레이아웃을 구성할 때 사용하는 리본 메뉴 [슬라이드 마스터] 탭을 살펴보겠습니다.

❶ 슬라이드 마스터 삽입

새로운 마스터 세트(마스터 1종 + 레이아웃 11종)를 추가 생성합니다.

❷ 레이아웃 삽입

선택한 마스터 아래에 새로운 레이아웃을 한 장 더 추가합니다.

❸ 삭제/이름 바꾸기

선택한 레이아웃을 삭제하거나 레이아웃 이름을 지정합니다.

❹ 마스터 레이아웃

마스터 페이지를 선택했을 때 활성화됩니다. 마스터를 구성할 개체 틀(제목, 텍스트, 날짜, 슬라이드 번호, 바닥글)을 지정합니다.

❺ 개체 틀 삽입

레이아웃 페이지를 선택했을 때 활성화됩니다. 개체 틀은 해당 레이아웃을 구성할 개체(콘텐츠, 텍스트, 그림, 차트, 표, 스마트아트, 미디어, 온라인 이미지)를 미리 삽입하고 배치해두는 도구입니다. 레이아웃 영역에 속하는 요소 중 유일하게 슬라이드 영역에서 조작 가능합니다.

❻ 배경 설정 그룹

슬라이드의 색상 구성, 글꼴, 배경색 등을 설정할 수 있습니다. 배경 색상을 지정할 수 있는 '배경 스타일' 외에는 건드리지 않는 것이 좋습니다.

03 [슬라이드 마스터]를 활용한 PPT 템플릿 제작 프로세스

❶ 리본 메뉴 [보기] 탭에서 [슬라이드 마스터]를 클릭합니다.
❷ 기본 마스터와 첫 번째 레이아웃의 개체들을 삭제해 백지 상태로 만듭니다.
❸ 첫 번째 레이아웃을 제외한 나머지 레이아웃을 모두 삭제합니다.

④ 새로이 제작할 레이아웃 수만큼 레이아웃 페이지를 복제(Ctrl + D)합니다.

⑤ 필요에 따라 [슬라이드 크기]를 변경합니다. 변경된 크기는 전체 레이아웃에 적용됩니다.

⑥ 레이아웃 별로 용도에 따라 안내선을 설정합니다.

  (전체 레이아웃에 일괄 적용할 사항은 마스터 페이지에 세팅합니다.)

⑦ 이미지, 도형, 텍스트 등을 활용해 템플릿 배경을 디자인합니다.

⑧ 슬라이드 영역에서도 편집해야 하는 개체는 '개체 틀'을 이용해 삽입/배치합니다.

위와 같은 절차로 [슬라이드 마스터]에 설정한 레이아웃은 리본 메뉴 [홈] 탭의 [레이아웃] 아이콘을 클릭해 슬라이드에 적용할 수 있습니다. 배경 디자인, 로고 등 페이지마다 반복되며 슬라이드 영역에서 작업 시 선택되지 않아야 하는 개체들은 마스터나 레이아웃 영역에 배치해두는 것이 좋습니다.

작업 중 레이아웃 영역에서 특정 서식을 편집하면, 해당 레이아웃을 사용하는 모든 슬라이드에 변경 사항이 적용됩니다.

▲ 마스터 슬라이드 작성 예시

04 슬라이드 마스터 활용 예시

1. PPT 템플릿 제작

PPT 작업에서 '매 페이지마다 같은 위치에 로고가 들어갔으면 좋겠다'거나 '배경에 패턴 이미지를 넣고 싶은데 작업할 때 괜히 클릭되어 움직이는 일이 없었으면 좋겠다' 또는 'PPT의 제목들이 전부 같은 폰트 모양, 크기로 동일한 위치에 있었으면 좋겠다'라는 생각을 할 때가 있습니다.

이런 바람을 반영해 만들어지는 것이 PPT 템플릿입니다. 다른 사람이 만든 PPT 템플릿을 다운로드 받아 열었을 때 클릭해도 잡히지 않는 개체들은 모두 마스터 영역이나 레이아웃 영역에 배치되어 있습니다. 따라서 타인의 PPT 템플릿을 수정하거나 구성 개체를 가져오고 싶다면 슬라이드 마스터를 다룰 줄 알아야 합니다.

2. 안내선 이동 방지

마스터 영역과 레이아웃 영역의 성질을 고려해보면 직전에 설명 드린 안내선을 제대로 활용하는 방법을 쉽게 유추할 수 있습니다. 바로 마스터 영역 혹은 레이아웃 영역에서 안내선을 설정하는 것입니다. 마스터 영역이나 레이아웃 영역에 배치된 요소는 슬라이드 영역에서 클릭할 수 없기 때문에 개체를 배치하거나 이동시킬 때 안내선을 건드리는 실수를 사전에 막을 수 있습니다.

3. 특정 개체/서식 일괄 변환

상위 차원에서 특정 개체나 서식을 변환하게 되면 하위 차원에 영향을 미친다고 했죠? 이를 이용해 슬라이드 수정을 간편하게 할 수 있습니다. 예를 들어 특정 레이아웃에서 제목 항목의 폰트 종류, 크기, 위치를 변경하면 해당 레이아웃을 기반으로 만든 슬라이드들은 일괄적으로 제목 부분이 변경되는 것입니다.

4. 공동 작업 양식 공유

슬라이드 마스터 기능은 공동 작업이 필요한 문서나 통일된 서식을 필요로 하는 경우에 주로 사용됩니다. 대표적인 예가 회사의 '사내 보고서 양식'입니다. 회사에 따라 표지, 간지, 본문 레이아웃을 구성하여 서식 모양, 개체 배치 위치를 모두 정해놓습니다. 문서 작성자는 이에 맞춰 내용만 넣으면 됩니다. PPT 디자인에 소비하는 시간을 줄이고 정보 해석의 효율성을 높이기 위해서입니다.

그러나 이런 공통 양식을 제대로 활용하려면 문서 작성 규칙에 대해 구성원 모두 같은 이해를 공유해야 합니다. 파워포인트 활용 실력의 편차도 적어야 합니다. 그렇지 않으면 작업자마다 서식을 중구난방하게 사용해 오히려 취합에 불편을 겪는 경우가 발생합니다. 또한 보고서 틀을 완고히 정해둘 경우 작성자의 자율적 발상을 제한하기도 하니 주의가 필요합니다.

슬라이드 마스터에 대한 설명 중 꼭 기억해야 할 사항은 두 가지입니다. 첫째, 작업 영역은 3가지 차원(마스터, 레이아웃, 슬라이드)으로 나뉜다. 둘째, 상위 차원에 세팅한 사항은 종속된 하위 차원에 영향을 미치고, 하위 차원에선 상위 차원에 속한 요소를 건드릴 수 없다. 그러니 작업할 때 함부로 선택되면 안 될 배경 요소는 마스터나 레이아웃에 넣자는 것입니다.

04 개체 삽입

텍스트, 도형, 표, 차트, 이미지, 영상, 오디오 등 PPT 슬라이드를 구성하는 디자인 요소 하나, 하나를 개체라고 부릅니다. PPT 디자인은 슬라이드 영역에 개체를 넣고 배치하는 작업을 통해 이뤄집니다.

개체 삽입과 관련한 기능은 모두 리본 메뉴 [삽입] 탭에 모여 있습니다. 텍스트, 도형, 표, 차트는 파워포인트 내의 삽입 기능을 이용해야 합니다. 반면, 이미지, 영상, 오디오 등 외부 폴더에 파일 형태로 존재하는 개체는 슬라이드 영역에 드래그해 넣는 것만으로 삽입할 수 있습니다.

각 개체의 삽입 방법에 대해 알아보겠습니다.

▲ 개체 삽입 탭 일람

01 텍스트

▲ 텍스트 개체 삽입 아이콘

❶ 리본 메뉴 [삽입] 탭을 클릭합니다
❷ [텍스트 상자] 아이콘을 클릭합니다
❸ 슬라이드 영역에서 텍스트를 입력할 위치에 드래그하여 원하는 크기의 텍스트 상자 개체를 생성하세요.
❹ 내용을 입력하세요.

※ ❸ 단계에서 슬라이드 영역에 드래그하지 않고 한 번 클릭만해도 텍스트 상자가 생성됩니다. 그런데 이 경우 입력하는 내용이 많으면 줄바꿈 되지 않고 텍스트 상자가 가로로 하염없이 길어집니다.

반면, 드래그하여 만든 텍스트 상자는 크기가 고정됩니다. 이런 텍스트 상자에 긴 글을 입력하면, 텍스트 상자 크기에 맞춰 자동으로 줄바꿈 되어 보다 편리합니다. 따라서 드래그하여 텍스트 상자를 생성하는 습관을 들이는 것이 좋습니다.

02 도형

▲ 도형 개체 삽입 아이콘

❶ 리본 메뉴 [삽입] 탭을 클릭합니다.

❷ [도형] 아이콘을 클릭하면 다양한 도형 유형 목록이 나옵니다.

❸ 원하는 도형 모양을 클릭하면 마우스 커서가 십자가 형태로 변합니다.

❹ 슬라이드 영역에서 원하는 크기 만큼 커서를 드래그하여 도형을 생성하세요.

❺ 삽입한 도형 안에 '노란색 원형 버튼'이 있다면 당겨 보세요. 해당 도형의 모양을 추가적으로 변경할 수 있습니다.

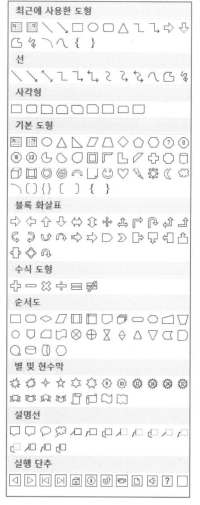

▲ 개체 삽입 도형 목록

도형 삽입 보조 도구

1) 정비율 도형 만들기

도형을 삽입할 때 `Shift` 키를 누른 채로 드래그하면 정비율을 유지할 수 있습니다.

2) 중심점 고정하기

`Ctrl` 키를 누른 채 드래그하면 최초 클릭 지점이 도형의 중심점(정중앙)이 됩니다.
도형 배치 위치가 명확할 때 활용해보세요.

03 표

▲ 표 개체 삽입 아이콘

❶ 리본 메뉴 [삽입] 탭을 클릭합니다.
❷ [표] 아이콘을 클릭한 후 [표 삽입]을 선택합니다.
❸ [표 삽입] 창에서 열(가로) 개수와 행(세로) 개수를 입력하면 표가 생성됩니다.

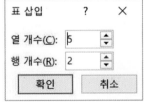

▲ 삽입할 표 개체 크기 설정

04 차트

▲ 차트 개체 삽입 아이콘

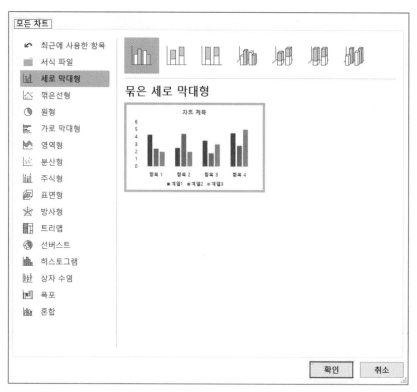

▲ 차트 삽입창

❶ 리본 메뉴 [삽입] 탭을 클릭합니다.

❷ [차트] 아이콘을 클릭합니다.

❸ 파워포인트에서 제공하는 다양한 차트 서식을 고를 수 있는 [차트 삽입] 창이 열립니다.

❹ [차트 삽입] 창 왼쪽 목록에서 차트 종류를 선택하고, 오른쪽에서 해당 유형의 세부 디자인 중 원하는 모양을 클릭한 후 '확인' 버튼을 누르세요.

❺ 선택한 차트가 슬라이드 영역에 삽입되며 차트 데이터를 입력할 수 있는 엑셀 창이 나타납니다.

❻ 엑셀 창에 차트화하고 싶은 항목과 데이터를 입력하고 오른쪽 상단 'X' 버튼을 클릭해 닫으면 차트가 삽입됩니다.

❼ 이후 차트 요소를 추가/제거하고 세부 디자인을 다듬어 줍니다.

※ 실질적으로 사용 빈도가 높은 차트 유형은 ① 세로 막대형, ② 꺾은선형, ③ 원형, ④ 가로
막대형 정도입니다.

05 이미지

▲ 그림 개체 삽입 아이콘

❶ 리본 메뉴 [삽입] 탭을 클릭합니다.
❷ [그림] 아이콘을 클릭합니다.
❸ 삽입할 이미지 파일을 탐색할 수 있는 [그림 삽입] 창이 열립니다.
❹ 원하는 이미지 파일을 찾아 더블 클릭하거나 '열기' 버튼을 클릭하면 삽입이 완료됩니다.
※ 이미지 파일을 저장된 폴더에서 슬라이드 영역으로 드래그하여 삽입하면 더욱 편리합
니다.

06 동영상

▲ 동영상 개체 삽입 아이콘

❶ 리본 메뉴 [삽입] 탭을 클릭합니다.
❷ [비디오] 아이콘을 클릭합니다.
❸ [내 PC의 비디오] 버튼을 클릭합니다.
❹ 삽입할 동영상 파일을 탐색할 수 있는 [비디오 삽입] 창이 열립니다.
❺ 원하는 동영상 파일을 찾아 더블 클릭하거나 '삽입' 버튼을 클릭하면 삽입이 완료됩니다.
※ 동영상 파일을 저장된 폴더에서 슬라이드 영역으로 드래그하여 삽입할 수도 있습니다.
※ ❸ 단계에서 [온라인 비디오] 버튼을 클릭하여 유튜브 등 온라인 상의 영상을 바로 삽입하
는 것도 가능합니다. 그러나 안정적인 영상 재생을 위해 온라인 영상을 연결하기보다 영상
을 파일화하여 [내 PC의 비디오] 기능을 통해 삽입하길 권합니다.

07 오디오

▲ 오디오 개체 삽입 아이콘

❶ 리본 메뉴 [삽입] 탭을 클릭합니다.
❷ [오디오] 아이콘을 클릭합니다.
❸ [내 PC의 오디오] 버튼을 클릭합니다.
❹ 삽입할 오디오 파일을 탐색할 수 있는 창이 열립니다.
❺ 원하는 오디오 파일을 찾아 더블 클릭하거나 '삽입' 버튼을 클릭하면 삽입이 완료됩니다.
※ 오디오 파일을 저장된 폴더에서 슬라이드 영역으로 드래그하여 삽입할 수도 있습니다.

개체 삽입 후 디자인과 조작 방법은 이후 하나씩 차근차근 알려드리겠습니다.

05 개체 크기 조정

PPT 디자인은 개체 삽입으로 끝나지 않습니다. 슬라이드에 배치한 개체를 적절한 크기로 변경하며 조화시켜야 합니다. 이번에는 삽입한 개체의 크기를 조정하는 방법에 대해 살펴보겠습니다.

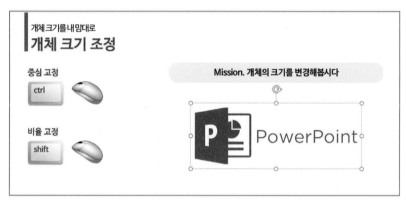

▲ 개체 크기 조정

01 드래그하여 개체 크기 조정하기

❶ 크기를 조정할 개체를 선택하세요. 개체 모서리와 테두리에 8개의 원형 버튼이 나타납니다.

❷ 마우스 커서를 원형 버튼 위에 갖다대면 양갈래 화살표 모양으로 변합니다.

❸ 이때 원형 버튼을 드래그하면 개체 크기가 변경됩니다.
  – 위/아래 버튼 드래그: 개체 높이 조정
  – 좌/우 버튼 드래그: 개체 너비 조정
  – 모서리 버튼 드래그: 높이와 너비 함께 조정

❹ 각 버튼을 드래그해서 원하는 크기로 조정합니다.

02 중심점을 고정하여 개체 크기 조정하기

버튼을 드래그하여 크기를 조정하면 맞은편에 위치한 버튼이 개체의 중심점이 됩니다. 이때 개체의 정가운데를 중심점으로 고정하려면 Ctrl 키를 누른 채로 버튼을 드래그해보세요.

중심 고정

① 크기를 조정할 개체를 선택합니다.
② Ctrl 키를 누른 채 드래그합니다. 개체 가운데가 중심점이 됩니다.

03 비율을 고정하여 개체 크기 조정하기

개체 모서리에 위치한 원형 버튼을 드래그하면 높이와 너비가 동시에 변경됩니다. 만약 개체의 '가로 세로 비율 고정' 옵션이 해제되어 있을 경우 조정 과정에서 높이와 너비의 비율이 깨집니다. 이때 Shift 키를 누른 채 드래그하면 비율이 유지된 채 크기가 바뀝니다.

비율 고정

① 크기를 조정할 개체를 선택합니다.
② Shift 키를 누른 채 모서리의 크기 조정 버튼을 드래그하세요. 비율이 유지된 채 크기가 변합니다.

'가로 세로 비율 고정' 옵션 적용 여부를 확인하려면 크기를 조정할 개체를 우클릭하고 [크기 및 위치] 메뉴를 선택하면 됩니다. 작업화면 우측에 활성화되는 [도형 서식] 창에 '가로 세로 비율' 체크 박스가 보입니다. 평소에는 체크해두는 것이 좋습니다.

04 정확한 수치를 입력해 개체 크기 조정하기

센티미터 단위로 정확한 수치를 입력해 개체 크기를 조정할 수도 있습니다.

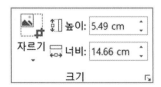

❶ 크기를 조정할 개체를 선택합니다.

❷ 리본 메뉴 [서식] 탭을 클릭합니다.

　(표 개체는 [레이아웃] 탭을 선택해야 합니다)

❸ [크기] 항목에 원하는 '높이/너비' 수치를 입력합니다.

※ 높이/너비 중 하나의 수치만 입력했는데 다른 하나가 함께 변경된다면 개체의 '가로 세로
　비율 고정' 옵션 체크 상태를 확인해보세요.

　(개체 우클릭 → 크기 및 위치 → 가로 세로 비율 고정)

06 개체 회전

개체의 각도를 조정하고 상하, 좌우 대칭을 변경할 수 있다면 표현의 폭이 넓어집니다. 예를 들어 화살표 도형의 방향을 변경해가며 프로세스를 표현하거나 대칭으로 인물 이미지의 시선을 바꿀 수 있게 됩니다. 개체를 회전하는 다양한 방법에 대해 알아봅시다. 하나씩 적용해보고 가장 편한 방식을 사용하세요.

01 드래그하여 개체 회전

가장 기본적인 방법은 마우스를 드래그하여 회전하는 것입니다.

❶ 각도를 변경할 개체를 선택합니다.
❷ 개체 상단에 회전하는 화살표 모양의 [각도 조정] 아이콘이 나타납니다.
❸ 원하는 회전 방향으로 [가도 조정] 아이콘을 드래그합니다.

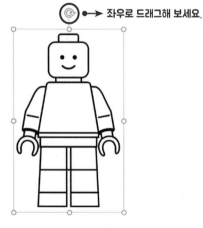

➡ 좌우로 드래그해 보세요.

T I P

15도 각도로 회전하기

Shift 키를 누른 채 [각도 조정] 아이콘을 드래그하면 정확히 15도 단위로 회전합니다.

02 키보드 방향키로 개체 회전하기

마우스 조작 없이 키보드 방향키를 이용해 개체를 회전시킬 수 있습니다.

❶ 15도 단위 회전: Alt + 좌/우 방향키
❷ 1도 단위 미세 회전: Ctrl + Alt + 좌/우 방향키

03 정확한 수치를 입력해 개체 회전 각도 조정하기

개체의 높이와 너비를 변경할 때와 마찬가지로 정확한 수치를 입력해 한 번에 개체 각도를 변경하는 것이 가능합니다.

❶ 회전시킬 개체를 우클릭합니다.
❷ [크기 및 위치] 메뉴를 선택합니다.
❸ 우측에 나타나는 [도형 서식] 창에서 [회전] 항목을 찾습니다.
❹ 개체에 적용할 각도 수치를 [회전] 항목에 입력합니다.
❺ 입력한 각도 만큼 개체가 회전합니다.

04 상하/좌우 대칭

'대칭 변경'은 개체 회전 못지 않게 중요한 기능입니다. 개체 가운데를 중심으로 상하, 좌우를 반전시켜줍니다. 대칭 변경 기능은 특히 이미지 편집 시 매우 유용하게 사용됩니다.

❶ 대칭을 변경할 개체를 선택합니다.
❷ 리본 메뉴 [서식] 탭을 클릭합니다.
❸ [회전] 아이콘을 찾아 클릭합니다.
❹ '상하 대칭/좌우 대칭' 원하는 옵션을 적용합니다.
※ 표, 차트 개체는 회전, 대칭 기능을 사용할 수 없습니다.

오른쪽으로 90도 회전(R)
왼쪽으로 90도 회전(L)
상하 대칭(V)
좌우 대칭(H)
기타 회전 옵션(M)...

▲ 개체 회전 옵션

07 개체 이동과 맞춤 정렬

가장 손쉽게 디자인을 개선하는 노하우를 말씀드리겠습니다. 개체 위치의 일관성과 선 맞춤입니다. 개체들이 규칙적으로 일관된 자리에 위치하고 동일한 선 위에 배치되어 있으면 정돈되고 깔끔한 느낌을 줍니다. 이를 염두에 두며 개체를 이동하고 정렬하는 방법에 대해 알아봅시다.

01 개체 이동 간격 단위 조정과 미세 이동

개체를 이동하는 방법은 간단합니다. 개체를 선택하신 후 드래그하거나, 키보드의 방향키를 누르면 됩니다.

키보드 방향키로 개체 위치를 조정할 때 1픽셀 단위 '미세 이동'이 필요하면 Ctrl 키를 누른 채 방향키를 입력하면 됩니다. 반면, 마우스를 드래그하여 미세 이동을 하려면 Alt 키를 눌러야 하니 혼동에 주의하기 바랍니다.

키보드로
정밀 이동

▲ 미세 이동 단축키(키보드)

마우스로
정밀 이동

▲ 미세 이동 단축키(마우스)

❶ 방향키로 미세 이동: Ctrl + 방향키
❷ 마우스로 미세 이동: Alt + 드래그

미세 이동은 안내선 기능(Alt + F9)과 병행하여 사용할 때 디테일한 디자인 작업에 매우 유용합니다.

'눈금 단위'를 변경하면 기본적인 이동 간격을 조정할 수 있습니다.

▲ 정렬되지 않은 디자인

▲ 미세 이동을 활용해 선을 맞춘 디자인

▲ 눈금 및 안내선 옵션

❶ 슬라이드 영역 빈 공간을 우클릭합니다.
❷ [눈금 및 안내선] 메뉴를 클릭합니다.
❸ [눈금 및 안내선] 옵션 창이 나타나면 [개체를 눈금에 맞춰 이동] 항목에 체크합니다.
❹ 방향키 입력 시 이동 간격을 조정하려면 '눈금 설정' 항목 [간격] 란에 원하는 수치(0.2cm 추천)를 입력합니다.

02 개체 위치 맞춤

선을 맞춰 개체를 배치하고 간격을 동일하게 맞춰주는 것만으로 디자인의 품질이 높아집니다. 파워포인트에는 개체 간의 위치와 간격을 자동으로 나란히 맞춰주는 기능이 있습니다. '개체 위치 맞춤'과 '간격 맞춤'입니다. 이 기능을 이용하면 눈대중으로 조정하는 것보다 편리하고 정확하게 작업할 수 있습니다. 꼭 익혀두길 권합니다.

먼저 위치 맞춤부터 알아보겠습니다.

❶ 위치를 맞춰주려는 두 개 이상의 개체를 선택합니다.
❷ 리본 메뉴 [서식] 탭을 클릭합니다.
❸ [맞춤] 아이콘을 클릭합니다.

❹ 개체 위치를 맞춰주는 6가지 옵션이 제시됩니다. 원하는 맞춤 유형을 선택합니다.

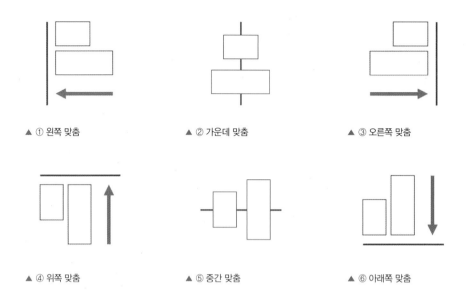

▲ ① 왼쪽 맞춤   ▲ ② 가운데 맞춤   ▲ ③ 오른쪽 맞춤

▲ ④ 위쪽 맞춤   ▲ ⑤ 중간 맞춤   ▲ ⑥ 아래쪽 맞춤

① **왼쪽 맞춤**: 선택한 개체들 중 가장 왼쪽 개체의 테두리선에 맞춰 나머지 개체를 이동해 줍니다.

② **가운데 맞춤**: 선택한 개체들을 수평 이동시켜 가운데로 모아줍니다.

③ **오른쪽 맞춤**: 선택한 개체들 중 가장 오른쪽 개체의 테두리선에 맞춰 나머지 개체를 이 동해줍니다.

④ **위쪽 맞춤**: 선택한 개체들 중 가장 위쪽 개체의 테두리선에 맞춰 나머지 개체를 이동해 줍니다.

⑤ **중간 맞춤**: 선택한 개체들을 수직 이동시켜 중간으로 모아줍니다.

⑥ **아래쪽 맞춤**: 선택한 개체들 중 가장 아래쪽 개체의 테두리선에 맞춰 나머지 개체를 이 동해줍니다.

03 개체 간 간격 맞춤

위치 맞춤 기능과 동일한 절차를 통해 여러 개체 간의 간격을 같은 너비로 맞춰줄 수 있습니다.

❶ 간격을 맞춰주려는 세 개 이상의 개체를 선택합니다.

❷ 리본 메뉴 [서식] 탭을 클릭합니다.

❸ [맞춤] 아이콘을 클릭합니다.

❹ 2가지 간격 맞춤 옵션이 제시됩니다. 원하는 유형을 선택합니다.

▲ ① 가로 간격 동일하게   ▲ ② 세로 간격 동일하게

① 가로 간격을 동일하게: 개체 간의 좌우 간격을 동일하게 맞춰줍니다.
② 세로 간격을 동일하게: 개체 간의 위아래 간격을 동일하게 맞춰줍니다.
※ 개체 맞춤 기능은 리본 메뉴 [홈] 탭에서 [정렬] 아이콘을 클릭하여 찾을 수도 있습니다.

　개체 위치 맞춤 6가지와 간격 맞춤 2가지 옵션을 모두 한 번씩 적용하며 결과를 확인해보기 바랍니다. 손에 익을수록 자주 사용하게 되는 기능입니다. '빠른 실행 도구 모음'에 등록해두면 보다 간편하게 쓸 수 있습니다.

TIP

개체를 1개만 선택해 맞춤 기능을 적용하면?

개체를 한 개만 선택하여 맞춤 기능을 적용하면 슬라이드 전체 영역을 기준으로 개체가 이동합니다.

1) 왼쪽 맞춤: 슬라이드 영역 맨 왼쪽으로 이동합니다.
2) 가운데 맞춤: 슬라이드 영역 가로(좌우) 기준 정중앙으로 이동합니다.
3) 오른쪽 맞춤: 슬라이드 영역 맨 오른쪽으로 이동합니다.
4) 위쪽 맞춤: 슬라이드 영역 맨 위쪽으로 이동합니다.
5) 중간 맞춤: 슬라이드 영역 세로(위아래) 기준 정중앙으로 이동합니다.
6) 아래쪽 맞춤: 슬라이드 영역 맨 아래쪽으로 이동합니다.

스마트 가이드

'스마트 가이드'는 개체를 이동시킬 때 다른 개체들 간의 위치와 간격을 점선으로 보여주는 기능입니다. 기본적으로 적용이 되어 있으나 만약 개체 이동 시 가이드선이 나타나지 않는다면 다음 옵션을 활성화하기 바랍니다.

1) 슬라이드 영역 빈공간을 우클릭합니다.
2) [눈금 및 안내선] 메뉴를 클릭합니다.
3) [눈금 및 안내선] 옵션 창에서 [도형 맞춤 시 스마트 가이드 표시]를 체크합니다.

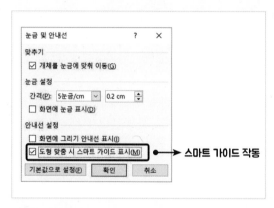

▲ 스마트 가이드 설정

개체 복제

동일한 개체를 하나 더 추가하려 할 때 일반적으로 복사(Ctrl + C)와 붙여넣기(Ctrl + V) 기능을 사용합니다. '복제' 기능은 이 둘을 한 번에 처리해줍니다. 뿐만 아니라 복제는 새로 생성한 개체의 이동 위치를 기억한다는 특징이 있습니다.

복제 기능으로 새로 생성한 개체를 이동시킨 후 선택 상태를 유지한 채 다시 한 번 복제해보세요. 원본 개체와 처음 복제한 개체 간의 간격, 위치만큼 떨어진 곳에 새로운 개체가 나타납니다. 복제는 다방면에 유용하게 사용되며 작업 효율성을 무척 높여주는 기능입니다. 반드시 익혀두세요.

예제를 통해 실습해봅시다.

실 습 벽돌 이미지를 복제하여 가로 3줄, 세로 4줄의 벽 만들기

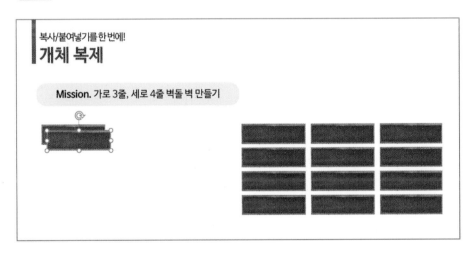

❶ 벽돌 이미지를 클릭합니다.

❷ Ctrl + D를 누르면 선택한 개체가 복제됩니다.

❸ 새로 생성된 개체를 그대로 오른쪽 방향으로 적당히 드래그해 이동합니다.
(Shift 키를 누른 채 드래그하면 수평을 정확히 맞춰 옮길 수 있습니다.)

❹ 옮긴 개체 선택을 해지하지 않은 상태에서 Ctrl + D 키를 다시 입력합니다.

❺ 원본에서 처음 복제한 개체를 떨어뜨린 만큼의 거리, 위치에 두 번째 복제된 개체가 생성됩니다.

❻ 벽돌 이미지 개체 3개를 전부 선택합니다.

❼ Ctrl + D 키를 누르면 선택한 벽돌 이미지 3개가 복제됩니다.

❽ 복제된 벽돌 그룹을 원본 아래쪽으로 적당히 드래그하여 이동시킨 후 Ctrl + D 키를 2번 더 누릅니다.

❾ 금세 가로 3칸, 세로 4칸의 벽돌 벽이 완성됐습니다.

새로 생성한 후 이동시킨 개체의 위치값을 기억한다는 복제 기능의 특징은 다수의 개체를 생성하고 배치할 때 진가를 발휘합니다. 첫째, 키보드를 누르는 작업이 반으로 줄어듭니다. 둘째, 특정 위치로 개체를 여러 번 반복해 옮길 필요가 없습니다. 반면, 복사/붙여넣기는 위치값을 기억하지 않기에 개체를 생성하고 원하는 위치로 매번 옮겨줘야 합니다.

복제는 개체뿐만 아니라 썸네일 영역의 특정 슬라이드를 복사해 추가할 때도 사용할 수 있습니다. 이때도 단축키 한 번으로 복사/붙여넣기를 동시에 할 수 있어 효율적인 작업이 가능합니다.

09 개체 순서 조정

PPT 슬라이드를 잘라 단면도를 볼 수 있다면 어떤 모양일까요? 하얀색 캔버스 위에 층층이 필름들이 겹쳐져 있는 모양일 것입니다. 실제 파워포인트에서는 슬라이드 영역에 다수의 개체 레이어(Layer)를 쌓는 방식으로 작업이 이뤄집니다. 그러다보니 개체 간 앞/뒤의 개념이 생깁니다. 예를 들어 앞에 있는 개체가 투명하지 않다면 뒤에 있는 개체는 가려져 보이지 않게 됩니다.

이 앞/뒤 개념을 이해하고 있어야 PPT 작업 과정에서 수많은 개체 중 원하는 것을 선택할 수 있습니다. 또한 투명 개체를 겹치거나 가림과 드러냄을 통한 다채로운 디자인 표현이 가능해집니다.

이번 장에서는 개체 순서를 앞/뒤로 변경하는 방법과 슬라이드 영역 안의 모든 개체의 목록과 순서 관계를 한 번에 볼 수 있는 '선택 창' 기능에 대해 알려드리겠습니다.

01 개체 간 앞/뒤 순서 조정

앞으로
가져오기

뒤로
보내기

맨 앞으로
가져오기

맨 뒤로
보내기

❶ 순서를 변경할 개체를 선택합니다.
([개체 순서 변경] 기능을 사용하려면 슬라이드 영역에 2개 이상의 개체가 있어야 합니다.)

❷ 개체를 클릭하면 활성화되는 리본 메뉴 [서식] 탭을 클릭합니다.
(단, 표 개체는 리본 메뉴 [레이아웃] 탭에서 찾아야 합니다.)

❸ '앞으로 가져오기'와 '뒤로 보내기' 아이콘이 있습니다. 이를 클릭하면 한 단계씩 앞/뒤 순서가 변경됩니다.

❹ 한 번 클릭으로 선택한 개체를 맨 앞/맨 뒤로 보내려면 '앞으로 가져오기' 또는 '뒤로 보내기' 아이콘 하단의 작은 화살표를 클릭합니다.

⑤ 개체 순서를 가장 앞/뒤로 변경할 수 있는 '맨 앞으로 가져오기'와 '맨 뒤로 보내기' 옵션을 선택할 수 있습니다.

02 [선택 창]을 활용한 순서 조정

PPT 디자인을 하다 보면 슬라이드 안에 개체가 점점 많아집니다. 개체 간의 포개진 순서를 도통 알 길이 없게 됩니다. 이 경우 순서를 조정하려면 될 때까지 '앞으로 가져오기'나 '뒤로 보내기' 버튼을 눌러야 할까요? 그렇지 않습니다. 바로 이런 상황에서 슬라이드 영역의 모든 개체 순서를 편리하게 관리할 수 있도록 해주는 [선택 창] 기능이 빛을 발합니다.

경 로
· [홈] 탭 → [정렬] → [선택 창]

선택 창

❶ 리본 메뉴 [홈] 탭을 클릭합니다.
❷ [정렬] 아이콘을 클릭합니다.
❸ 맨 아래 [선택 창]을 클릭합니다.
❹ 파워포인트 작업화면 우측에 '선택 창' 목록이 나타납니다.
   ※ 개체를 선택하신 상태로 리본 메뉴 [서식] 탭을 클릭하면 보다 쉽게 [선택 창] 아이콘을 찾을 수 있습니다.

선택 창에는 현재 슬라이드 안에 있는 모든 개체 종류와 순서가 표시됩니다. 선택 창에서 할 수 있는 일은 크게 세 가지입니다. 첫째, 개체 순서 조정. 둘째, 개체 이름 부여. 셋째, 개체 가리기입니다.

❶ 순서 조정
   순서 창의 목록에서 개체 이름을 선택한 후 위 아래로 드래그하여 순서를 쉽게 변경할 수 도 있습니다. 목록 아래로 갈수록 순서상 뒤에 있는 개체가 됩니다.

❷ 개체 이름 부여
   기본적으로 순서 창에는 해당 개체의 속성(⑩ 그림, 차트, TextBox 등)이 이름으로 적혀 있습니다. 이를 더블 클릭하면 선택한 개체의 이름을 수정할 수 있습니다. 문서 상의 개체

가 많아지거나 공동 작업을 위해 관리가 필요할 때 개체 이름을 부여합니다.

❸ 개체 가리기

선택창에서 개체 이름 오른쪽에 있는 '눈 모양 아이콘'을 클릭하면 슬라이드 영역에서 해당 개체가 사라집니다. 삭제된 것은 아닙니다. 잠시 가려진 것입니다. 선택 창의 '개체 숨기기' 기능은 특정 개체를 지우거나 옮기지 않고 그 뒤에 가려진 개체를 선택하여 설정을 조정하고 싶을 때 몹시 유용합니다.

개체 순서 조정 기능과 선택 창은 PPT 디자인 과정에서 수시로 사용하게 됩니다. 그런데 정석적으로 리본 메뉴를 통해 기능을 사용하려면 클릭 횟수가 많아지고 불편합니다. '빠른 실행 도구 모음'에 등록해두길 권합니다.

개체 그룹화

① 그룹화하지 않은 개체 선택 전 예시   ② 그룹화하지 않은 개체 선택 예시   ③ 그룹화한 개체 선택 예시

위 예제 이미지는 픽토그램(아이콘)을 활용해 심플하게 디자인한 PPT 슬라이드입니다(예제 이미지 ①). 이 PPT의 슬라이드 영역에서 단축키 Ctrl + A 를 눌러보면 작업화면 안에 있는 모든 개체가 일괄적으로 선택됩니다(예제 이미지 ②). 디자인을 구성하는 개체들이 생각보다 많습니다. 이 중 일부를 옮기거나 설정을 바꾸려 한다고 가정해봅시다. 개체수가 많아질수록 어려워집니다. 그러니 효율적인 작업을 위해 개체 관리 습관을 갖도록 권합니다.

개체 관리 습관은 아주 간단합니다. 한 단위의 정보 그룹이 완성되면 '그룹화'해두는 것입니다(예제 이미지 ③). 보고서를 출력하는 상황을 떠올려봅시다. 문서를 잔뜩 인쇄하고 낱장으로 두면 잡고 보기에 불편하고 흩어지기도 쉽습니다. 자칫하다 한두 장 누락될 수도 있습니다. 이를 막기 위해 스테이플러 등으로 찍어두듯 그룹화는 지정한 개체들을 묶어두는 기능입니다.

01 개체 그룹화

그룹 지정

❶ 마우스 드래그 또는 Ctrl + 클릭을 통해 그룹화할 개체들을 모두 선택합니다.
❷ 그룹화 단축키 Ctrl + G 키를 입력합니다.

❸ 선택한 개체들이 하나의 그룹으로 묶입니다.

개체 그룹화 기능 자체는 어렵지 않습니다. 단축키 입력 한 번으로 그룹을 만들 수 있습니다. 그룹화한 개체들은 큰 테두리로 묶인 것을 볼 수 있습니다. 실제 하나의 개체처럼 취급됩니다. 드래그해서 이동하면 동시에 움직이고 크기, 색상, 효과 등 서식을 변경하면 그룹 전체에 적용됩니다.

만약 그룹을 유지한 채 특정 개체의 위치나 서식을 바꾸려 한다면 개체 그룹을 선택한 후, 원하는 개체를 한 번 더 클릭하면 됩니다. 개체 그룹 테두리 선이 옅은 점선으로 바뀌고 선택한 개체의 테두리엔 또렷한 선이 보일 것입니다. 이때 Ctrl 키를 누른 채 다른 개체를 클릭하면 복수 개체 선택도 됩니다.

02 그룹화 해제

그룹 해제

그룹 해제도 그룹화만큼이나 간단합니다. 그룹화 단축키에 Shift 키 하나만 추가하면 됩니다.

❶ 개체 그룹을 선택합니다.
❷ 그룹 해제 단축키 Ctrl + Shift + G 키를 입력합니다.
❸ 그룹이 풀려 개별 개체로 나눠집니다.

11 서식 복사

'서식 복사'는 말 그대로 한 개체에 적용된 여러 가지 서식들을 그대로 다른 개체에 적용해주는 기능입니다. 서식 복사는 작업 단계를 확연히 줄여줍니다. PPT 작성 속도를 높이기 위해 꼭 알아야 할 단축키 중 하나입니다.

▲ 서식 복사

예제 왼편과 같은 개체를 처음부터 다시 만들려면 손이 많이 갑니다. 그라데이션으로 도형을 채우고 윤곽선의 색상과 두께를 조정해야 합니다. 내부 텍스트는 폰트 종류, 색상 변경과 각종 효과를 넣어줘야 합니다. 이를 위해 분주히 리본 메뉴를 오가고 수차례 클릭해야 합니다. 그런데 서식 복사 기능을 알고 있다면 딱 두 번의 단축키 입력으로 번거로운 작업을 끝낼 수 있습니다.

01 서식 복사/붙여넣기

① 서식을 복사할 개체를 선택합니다.
② 서식 복사 단축키 Ctrl + Shift + C 키를 입력합니다.
③ 복사한 서식을 적용할 개체를 선택합니다.
④ 서식 붙여넣기 단축키 Ctrl + Shift + V 키를 입력합니다.
⑤ 선택한 개체에 복사한 서식이 적용됩니다.

서식 복사, 붙여넣기 두 단축키를 아는 사람과 모르는 사람의 작업 속도에는 차이가 날 수밖에 없습니다. 심지어 여러 개체에 동일한 서식을 붙여넣는 것도 가능합니다. 서식을 적용할 개체를 전부 선택하고 Ctrl + Shift + V 키(서식 붙여넣기)를 입력하면 다수의 개체를 한 번에 세팅할 수 있습니다.

TIP

직전 동작 반복 실행

펑션키 F4 를 누르면 직전에 실행한 동작을 반복할 수 있습니다. 예를 들어, 한 개체에 서식 복사 후 붙여넣기를 한 후 다른 개체에도 계속해서 같은 작업을 하려면 Ctrl + Shift + V 세 개의 키를 누르는 대신 간편하게 F4 키 하나만 입력하면 됩니다.

02 텍스트의 일부 서식을 선택하여 복사/붙여넣기

텍스트에 서식 복사/붙여넣기를 적용할 때는 '텍스트 상자(개체)'와 '텍스트(글자)' 중 무엇을 선택하느냐가 다르다는 점에 주의해야 합니다. 이 미묘한 차이 때문에 적용이 잘 안 되는 경우가 있기 때문입니다. 예를 들어 '텍스트'를 클릭하고 서식 복사 후 '텍스트 상자'에 붙여넣기를 하면 기능이 작동하지 않습니다. 단순히 생각하면 글자-글자, 개체-개체끼리 서식 복사/붙여넣기가 된다고 보면 됩니다. 둘 다 알아두고 상황에 맞게 적용하기 바랍니다.

▲ 텍스트 상자(개체) 선택과 텍스트(글자) 선택 비교

1. 텍스트를 선택하여 서식 복사

텍스트 상자 안의 입력된 글자를 클릭하면 글자 입력 신호가 깜빡입니다. 그 지점부터 텍스트 입력을 이어갈 수 있습니다. 그런데 이 경우는 '텍스트 상자 개체' 전부가 선택된 것은 아닙니다. '텍스트 상자 개체'를 선택하려면 이 상태에서 테두리 선을 한 번 더 클릭해야 합니다. 글자 위에 올렸을 때와 선 위에 올렸을 때의 마우스 커서 모양 차이에 주목하세요. 선 위에 커서를 올리면 십자형 화살표 모양이 되는데 이때 클릭하면 텍스트 상자 개체 전체가 선택되는 것입니다.

한 번에 텍스트 상자 개체를 선택하려면 처음부터 글자 위를 클릭하는 것이 아니라 그 언저리 선이 있는 위치를 가늠해 클릭해야 합니다. 이때도 커서를 보면 구분하기 쉽습니다. 위치(텍스트 바로 위/텍스트 언저리)에 따라 커서 모양이 바뀝니다.

때에 따라 텍스트 개체 전체가 아니라 일부의 서식만을 복사해야 할 때도 있습니다. 이런 경우 텍스트(글자)의 서식을 복사하려면 반드시 드래그를 하여 서식을 가져올 지점을 선택해줘야 합니다.

▲ 텍스트 선택: 텍스트 상자의 '글자'를 선택한 상태

❶ 텍스트 상자 개체 안에서 서식 복사를 하려는 부분을 드래그하여 선택합니다.
❷ 서식 복사 단축키 Ctrl + Shift + C 키를 입력합니다.
❸ 복사한 서식을 적용할 다른 텍스트 부분을 드래그하여 선택합니다.
❹ 서식 붙여넣기 단축키 Ctrl + Shift + V 키를 입력합니다.
❺ ❸ 단계에서 선택했던 부분에서 복사한 서식이 적용됩니다.

2. 텍스트 상자를 선택하여 서식 복사

텍스트 상자 전체를 선택하고 서식 복사를 하면, 개체 내의 텍스트가 시작되는 지점에 적용된 서식이 복사됩니다. 이 밖에 텍스트만 선택해 서식 복사했을 때와 달리 윤곽선, 채우기 색 등 텍스트 상자 고유의 서식을 복사할 수 있습니다.

▲ 텍스트 상자 선택: 텍스트 상자라는 '개체'를 선택한 상태

➊ 텍스트 테두리 부분을 클릭해 텍스트 상자 개체를 선택합니다.

➋ 서식 복사 단축키 Ctrl + Shift + C 키를 입력합니다.

➌ 복사한 서식을 적용할 다른 텍스트 상자 개체를 선택합니다.

➍ 서식 붙여넣기 단축키 Ctrl + Shift + V 키를 입력합니다.

➎ 선택한 개체에 복사한 서식이 적용됩니다.

서식 복사/붙여넣기는 한 번 알고 사용하기 시작하면 멈출 수 없고 멈춰서도 안 되는 마성의 기능이라 할 수 있죠. 매우 편리하고 유용합니다. 이 기능도 손이 기억하도록 연습하길 권합니다.

POWERPOINT

폰트와 텍스트

01 폰트 삽입과 설정

01 슬라이드의 목소리, 폰트

텍스트는 PPT 디자인에 가장 자주 사용되는 개체입니다. 상징성이 강해 해석이 분분해질 수 있는 이미지에 비해 텍스트는 정보를 명료하게 직접적으로 전달할 수 있기 때문입니다. 많은 정보를 담고 공식성을 띄는 보고서 등의 실무 PPT 문서뿐 아니라 이미지 중심의 발표용 슬라이드에서도 텍스트는 메시지의 그릇 역할을 톡톡히 합니다.

PPT 문서를 만들 때 텍스트의 역할은 정보 전달역에 그치지 않습니다. 그 자체로 디자인의 구성 요소가 됩니다. 텍스트 모양, 굵기, 색상, 장식 효과의 유무에 따라 가독성과 주목도가 달라집니다. 사람의 목소리가 제각각 다르듯 폰트에 따라 PPT가 전달하는 분위기 또한 천양지차입니다.

폰트는 PPT의 목소리와 같습니다. 어떤 폰트는 이성적이고 신뢰감 있는 느낌을 주지만 어떤 폰트는 나긋나긋하고 감성적인 느낌을 줍니다. 또 어떤 폰트는 수다스런 어린아이처럼 재잘거립니다. PPT를 만들 때 어떤 폰트를 쓰느냐에 따라 문서의 가독성, 메시지 전달력, 심지어는 분위기와 인상이 달라집니다.

▲ 나눔바른고딕

▲ 배달의민족 도현체

▲ 배달의민족 기랑해랑체

▲ 동그라미 재단체

▲ 조선일보 명조체

▲ 더페이스샵 잉크립퀴드

▲ 상상토끼 꽃길

▲ 야놀자 야체

　　따라서 내가 만드는 PPT의 목적과 성격을 고려해 폰트를 선택하는 것이 중요합니다. 심각한 사안을 담은 문서를 작성할 때 샤방샤방한 손글씨 폰트를 사용한다면 어떨까요? 가독성은 둘째 치고 문서의 톤앤매너를 해치게 됩니다. 아마 눈썰미 있는 청중이라면 '장난하냐'며 버럭 할지도 모릅니다.

PPT의 목적은 정보 전달과 설득입니다. 하나의 PPT 문서를 구성하는 모든 요소는 이 목적을 달성하기 위해 집중돼야 합니다. 정보와 메시지를 담는 텍스트는 말할 것도 없습니다. 슬라이드가 힘을 발휘할 수 있도록 상황과 맥락에 맞는 '목소리'를 선택하고, 중요한 부분이 돋보이며 잘 읽힐 수 있도록 디자인해줘야 합니다. 이런 점들을 고려할 때, 문서 안의 텍스트들은 나의 대변인이 되어 보는 이들에게 훌륭한 프레젠테이션을 해줄 것입니다.

폰트 설치 방법

폰트 설치 방법은 아주 간단합니다.
1) 다운로드 받은 폰트 파일을 우클릭합니다.
2) [설치] 메뉴를 클릭합니다.
※ C:₩Windows₩Fonts 폴더에 드래그해 넣어도 설치가 됩니다.

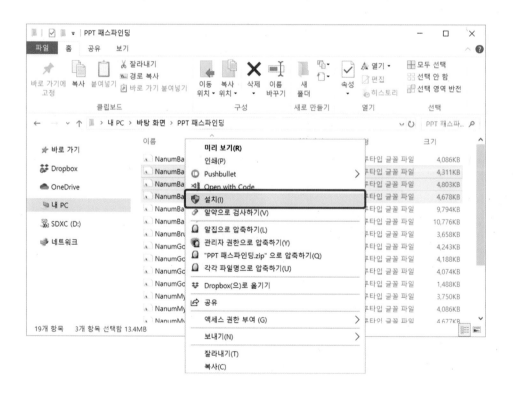

02 폰트 종류

폰트 종류는 크게 세 가지로 나눌 수 있습니다. 고딕체, 명조체, 손글씨체입니다. 세 폰트 유형이 각기 다른 개성을 가지고 있습니다. 여러분은 각 폰트에서 어떤 목소리가 들리나요?

1. 고딕체(San-serif)

고딕체는 선 굵기가 대체로 일정하고 획에 삐침과 같은 장식 요소가 거의 없이 직선적으로 쭉 뻗어있습니다. 심플합니다. 단정하면서도 이성적인 인상입니다. 전문적인 느낌이 있어 신뢰감을 줍니다.

군더더기 없이 깔끔한 고딕체 폰트는 먼 곳에서도 잘 보입니다. 해상도가 낮은 모니터에서의 가독성도 뛰어납니다. 이런 특징 때문에 모니터 성능이 좋지 않아 획 삐침을 깨끗하게 표현하기 어렵던 과거 컴퓨터 환경에서는 고딕체가 주로 표준 글꼴의 역할을 했다고 합니다. 같은 이유로 실무 PPT 문서의 주력 폰트도 고딕체가 차지했습니다. 이후 전통이 계승되는 것처럼 모니터 성능이 좋아진 지금도 고딕체는 비즈니스 문서의 주역 글씨체로 쓰이고 있습니다.

▶ 추천 고딕 폰트
→ 맑은 고딕, 나눔고딕, 나눔바른고딕, 티몬 몬소리체, 서울 남산체, 배민 도현체, 배민 한나체, 배민 주아체 등

2. 명조체(Serif)

명조체는 고딕체에 비해 선의 굵기가 보다 리드미컬하고 획 삐침 등 장식적 요소가 많은 글씨체입니다. 유려하고 세련된 인상으로 부드러운 느낌을 품고 있습니다. 텍스트 분량이 많아지거나 종이 위에 인쇄해서 볼 때 주로 사용합니다. 대표적인 예가 신문, 잡지, 책 같은 활자 매체의 본문입니다. 그 밖에 감성적인 문구나 사람의 말을 표현하고자 할 때도 자주 쓰입니다.

▶ 추천 명조 폰트
→ 바탕체, 나눔명조, 조선일보명조, 한겨레결체, KoPub 바탕체, 서울 한강체 등

3. 손글씨체(Calligraphy)

최근에는 직접 손으로 쓴 듯한 펜글씨나 붓글씨, 군데군데 하트나 별 같은 장식 요소가 잔뜩 들어간 디자인 폰트도 많이 사용되고 있습니다. 이런 폰트는 아기자기하고 개성이 있습니다. 그러나 이 점이 손글씨 폰트의 단점이기도 합니다.

PPT 디자인의 가장 기본이자 핵심 요소인 가독성이 높지 않기 때문입니다. 게다가 강한 인상을 주는 서체들이기 때문에 보는 이가 쉽게 질리게 됩니다. 그러므로 손글씨 폰트는 본문의 메인 글씨체 보다는 디자인 포인트나 강조 도구로서 활용하는 것이 적합합니다.

▶ 추천 손글씨 폰트

→ 잉크립퀴드체, 즐거운상상체, 미생체, 나눔펜글씨, 나눔붓글씨, 배민 연성체 등

고딕 폰트	명조 폰트	손글씨 폰트
디지털 모니터 기반 PPT 작성에 주로 활용	보고서 등 인쇄 기반 PPT 작성에 주로 활용	정보 전달보다는 디자인 요소로서 주로 활용
맑은고딕 나눔고딕 나눔바른고딕 **티몬 몬소리** **배달의민족 도현** **배달의민족 한나** **배달의민족 주아**	바탕 나눔명조 조선일보명조 한겨레결체 KoPub바탕체 서울 한강체	더페이스샵 잉크립퀴드 tvN 즐거운이야기 미생체 나눔손글씨 펜 나눔손글씨 붓 **배달의민족 연성체**

▲ 추천 폰트 종류

03 글꼴 설정

폰트 선택, 크기 조정, 색상 변경, 각종 효과 적용은 리본 메뉴 [홈] 탭의 '글꼴' 그룹에서 할 수 있습니다.

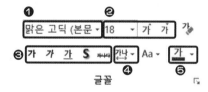

▲ [홈] 탭 글꼴 그룹

❶ 폰트 선택

텍스트에 적용할 폰트 종류를 선택합니다.

❷ 폰트 크기 조정

폰트를 단계별로 키우고 줄이거나 임의의 크기 수치를 입력할 수 있습니다.

❸ 폰트 효과

굵게(Ctrl + B), 기울임꼴(Ctrl + I), 밑줄(Ctrl + U), 그림자, 취소선 등 텍스트를 강조하는 효과를 적용할 수 있습니다.

❹ 문자 간격

문자 사이의 간격 너비를 조정합니다.

⑤ 글꼴 색

텍스트 색상을 변경합니다.

04 단락 설정

텍스트 정렬, 단 조정 등 텍스트 상자 개체의 형태는 리본 메뉴 [홈] 탭의 '단락' 그룹에서 조정할 수 있습니다.

▲ [홈] 탭 단락 그룹

❶ 글머리 기호/번호 매기기

텍스트 줄바꿈 시 불렛 포인트나 숫자 넘버링을 해줍니다.

❷ 줄간격

행과 행 사이의 간격을 조정해줍니다. 기본 줄간격인 1.0은 텍스트 분량이 많아지면 답답해보입니다. 슬라이드 공간을 고려해 1.2~1.5 범위 간격을 주로 사용합니다.

❸ 가로 텍스트 맞춤

- 텍스트 상자 내에서 왼쪽(Ctrl + L), 가운데(Ctrl + E), 오른쪽(Ctrl + R) 중 텍스트 입력 시작 기준점을 정합니다.
- 양쪽 맞춤 선택시 텍스트 상자 양쪽 여백을 동일하게 맞춰주어 좌우가 깔끔해 보입니다. 문장이 텍스트 상자 너비보다 짧은 경우 왼쪽을 기준으로 정렬됩니다.
- 균등 분할 역시 텍스트 상자 양쪽 여백을 동일하게 맞춰줍니다. 그런데 양쪽 맞춤과 달리 문장이 텍스트 상자 너비보다 짧은 경우, 문자 사이 공백이 넓어지더라도 좌우 여백이 동일하게 맞춰져버려 부자연스럽게 보일 수 있습니다.

▲ 텍스트 왼쪽 맞춤   ▲ 텍스트 가운데 맞춤   ▲ 텍스트 오른쪽 맞춤

❹ 세로 텍스트 맞춤

텍스트 상자의 위, 중간, 아래 중 텍스트 입력 시작 기준점을 정합니다. 가로 텍스트 맞춤
과 함께 사용하여 텍스트 상자 개체의 입력 지점을 설정합니다. [기타 옵션]을 선택하면
텍스트 상자 내부 여백을 조정할 수 있습니다.

▲ 텍스트 위쪽 맞춤   ▲ 텍스트 중간 맞춤   ▲ 텍스트 아래쪽 맞춤

텍스트 크기 조정

PPT를 디자인하는 과정에서 텍스트 크기를 수시로 변경하게 됩니다. 거듭 강조하듯 자주 사용하는 기능은 '빠른 실행 도구 모음'이나 '단축키'로 불러오는 것이 작업 속도 향상의 핵심입니다. 텍스트 크기 조정 역시 마찬가지입니다. 리본 메뉴의 '글꼴' 그룹을 오가기보다 단축키를 사용하는 것이 훨씬 편리합니다.

글자 크기 확대   **글자 크기 축소**

① 글자 크기를 조정할 텍스트 개체를 클릭합니다. 만약 개체 내부의 텍스트 중 일부만 변경하고 싶다면 해당 부분만 드래그합니다.
② 폰트 크기 조정 단축키를 입력합니다.
  – 폰트 크기 확대: Ctrl +]
  – 폰트 크기 축소: Ctrl + [
  ※ Ctrl + Shift + 〉 (확대), Ctrl + Shift + 〈 (축소)도 동일한 효과를 갖습니다.

TIP

주로 사용하는 폰트 크기 예시 출력하기

디스플레이 크기와 환경에 따라 모니터에서 보는 것과 출력했을 때의 폰트 크기에 차이납니다. 주로 사용하는 폰트는 크기 별로 적어 인쇄해두고 참고하면 PPT 작업 시 적정한 폰트 크기를 지정하는 데 도움이 됩니다.

나눔바른고딕 32pt	나눔명조 32pt
나눔바른고딕 28pt	나눔명조 28pt
나눔바른고딕 24pt	나눔명조 24pt
나눔바른고딕 20pt	나눔명조 20pt
나눔바른고딕 18pt	나눔명조 18pt
나눔바른고딕 16pt	나눔명조 16pt
나눔바른고딕 14pt	나눔명조 14pt
나눔바른고딕 12pt	나눔명조 12pt
나눔바른고딕 11pt	나눔명조 11pt
나눔바른고딕 10.5pt	나눔명조 10.5pt

03 첨자 삽입

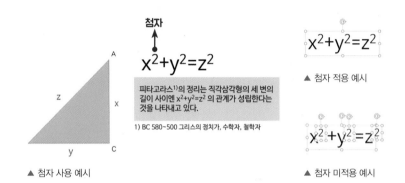

▲ 첨자 사용 예시

▲ 첨자 적용 예시

▲ 첨자 미적용 예시

수식의 '제곱' 기호나 전문 용어 옆의 '주석' 표기 등을 위해 기입하는 작은 글씨를 '첨자'라고 합니다. 이러한 첨자 표시를 위해 별도의 텍스트 상자를 사용하면 모양은 그럴싸하지만 개체 관리가 어렵고 오타의 원인이 됩니다. 이보다는 파워포인트에서 지원하는 '첨자 입력' 기능을 사용하는 것이 좋습니다.

위 첨자 [ctrl] [Shift] [=]　　　　아래 첨자 [ctrl] [=]

❶ 텍스트 상자의 글자 중 첨자화 할 부분을 드래그하여 선택합니다.
❷ 첨자 삽입 단축키를 입력합니다.
 – 위 첨자: [Ctrl] + [Shift] + [=]
 – 아래 첨자: [Ctrl] + [=]
 – 원상 복구: 직전에 사용한 첨자 단축키 재입력

PPT 제작을 하다 보면 전문 용어를 사용해야 할 때가 종종 있습니다. 작성자에겐 익숙하지만 보는 사람은 용어의 뜻에 대해 궁금할 수 있습니다. 이럴 때 첨자 기능을 활용해 미리 주석을 달아주는 센스를 발휘하면 좋습니다.

04 기본 텍스트 상자 설정

▲ 기본 텍스트 상자 설정

'기본 텍스트 상자 설정'은 새로 삽입하는 텍스트 상자 개체의 기본 폰트 서식을 세팅해주는 기능입니다. 일반적으로 새문서(Ctrl + N)를 열면 '맑은 고딕, 검은색, 18pt'가 기본 텍스트로 설정되어 있습니다. 이 기본 텍스트를 주로 사용하는 다른 폰트 모양, 크기, 색상, 효과로 변경하는 것입니다.

❶ Ctrl + N 키를 입력해 새 파워포인트 문서를 엽니다.
❷ 텍스트 상자 개체를 삽입하고 임의의 글자를 입력합니다.
  (맑은 고딕, 검은색, 18pt로 입력됩니다)
❸ 해당 텍스트 상자 개체의 서식을 원하는 대로 변경합니다.
  – 폰트 모양, 크기, 색상, 효과(굵게, 기울기, 밑줄, 취소선, 윤곽선 등)
❹ 서식을 변경한 텍스트 상자 개체를 우클릭합니다.

⑤ 활성화되는 메뉴 중 [기본 텍스트 상자로 설정]을 클릭합니다.

⑥ 새로 텍스트 상자 개체를 삽입하면 ❸ 단계에서 적용한 사항이 반영된 것을 확인할 수 있습니다.

[기본 텍스트 상자로 설정]을 하려면 텍스트 본문이 아니라 텍스트 상자 개체를 선택해야 한다는 점을 유의합니다. 텍스트 상자 개체를 선택하려면 글자를 직접 클릭하는 것이 아니라 글자 테두리 즈음, 마우스 커서가 십자 화살표로 바뀌는 지점을 클릭하면 됩니다.

05 텍스트 찾기와 바꾸기

이번에는 PPT 문서 내의 특정 텍스트를 찾거나 한 번에 문서 전체의 폰트를 변경하는 방법에 대해 알아보고자 합니다.

01 텍스트 찾기

PPT 내용을 작성하다 보면 텍스트를 많이 쓰게 됩니다. 이 중 특정 내용을 찾기 위해 페이지를 일일이 넘겨보는 것은 비효율적입니다. 찾으려는 부분의 키워드 단어를 알면 '찾기' 기능으로 순식간에 이동할 수 있습니다.

❶ [텍스트 찾기] 단축키인 Ctrl + F 키를 입력합니다.
❷ '찾을 내용' 항목에 탐색하고자 하는 단어 또는 문장을 입력합니다.
❸ '다음 찾기' 버튼을 누르면 ❷ 단계에서 입력한 키워드를 해당 페이지부터 문서 전반에 이르기까지 순차적으로 탐색합니다.

❶ 찾을 단어/문장 입력

찾기	? ✕
찾을 내용(N):	다음 찾기(F) → ❷ 찾기 실행
찾을 단어를 입력하세요 ⌄	닫기
☐ 대/소문자 구분(C)	바꾸기(R)...
☐ 단어 단위로(W)	
☐ 전자/반자 구분(M)	

▲ 텍스트 찾기

02 텍스트 바꾸기

만약 보고서 전반에 A라는 용어를 썼는데 알고 보니 오타임을 발견했다고 가정해봅시다. 이를 고치려면 용어가 쓰인 텍스트를 찾아야 합니다. 그런데 만약 50장, 100장이나 되는 자료라면 '찾기' 기능을 활용해도 번거로울 것입니다. 이 경우 '바꾸기' 기능을 활용하여 문서 전체의 특정 표현, 단어를 클릭 한 번으로 대체할 수 있습니다.

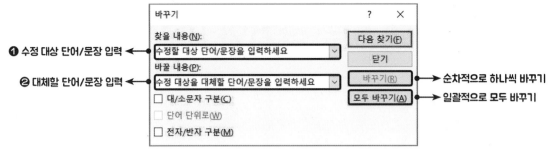

▲ 텍스트 바꾸기

❶ '텍스트 찾기' 단축키인 `Ctrl` + `F` 키를 입력합니다.

❷ 팝업 창의 [바꾸기] 버튼을 클릭합니다. '찾을 내용' 입력칸 아래 '바꿀 내용' 입력칸이 나타 납니다.

❸ '찾을 내용'에는 수정해야 할 단어(A)를 입력합니다. '바꿀 내용'에는 변경의 결과값이 될 단어(B)를 입력합니다.

❹ [모두 바꾸기] 버튼을 클릭합니다.

❺ 해당 PPT 문서 전체에서 (A)단어가 (B)단어로 변경됩니다.

※ 텍스트 변경 범위를 문서 전체로 하지 않고 개별적으로 검토하려면 [다음 찾기]를 선택해 수정 대상을 하나씩 탐색 후 [바꾸기]를 클릭합니다.

'바꾸기' 기능을 사용할 때 주의할 점이 있습니다. 이 기능을 사용해 AAA라는 단어를 BBB로 변경하려면 'AAA' 개체만 'BBB'로 바뀌는 것이 아니라 'AAACCC'라는 텍스트도 'BBBCCC'로 바뀝니다. 이를 고려해 자칫 오타가 나지 않게 주의하셔야 합니다.

※ 📗 '안녕'을 '안녕하세요'로 바꾸기 입력 → '안녕하십니까'가 '안녕하세요하십니까'로 변경

03 글꼴 바꾸기

여럿이 함께 PPT 자료를 만들 때의 고충 중 하나가 취합 이후 포맷 통일입니다. 미리 어떤 폰트를 사용할지 맞춰두지 않아 각자 다른 글꼴을 사용했다면 편집의 번거로움이 이만저만이 아닙니다.

이런 상황에 도움이 될만한 기능이 '글꼴 바꾸기'입니다. 특정 글꼴(A)을 대체하려는 글꼴(B)만 지정해주면 빠르게 문서 전체의 폰트를 바꿀 수 있습니다.

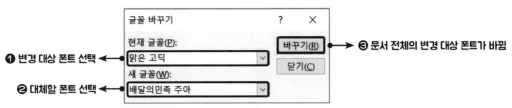

▲ 글꼴 바꾸기

❶ 리본 메뉴 [홈] 탭을 클릭합니다.

❷ '편집' 그룹의 [바꾸기] 아이콘 오른쪽의 작은 화살표를 클릭합니다.

❸ 드롭 다운 메뉴에서 [글꼴 바꾸기]를 선택합니다.

❹ [현재 글꼴] 항목에 변경 대상 폰트(A)를 지정합니다.

❺ [새 글꼴]에 (A)폰트를 대체할 폰트(B)를 지정합니다.

❻ '바꾸기' 버튼을 누르면 문서 전체의 (A)폰트가 (B)폰트로 변경됩니다.

※ 글꼴 바꾸기 기능은 문서 전체를 범위로 하며 특정한 단일 페이지 내 글꼴 바꾸기는 지원
하지 않습니다.

06 텍스트 윤곽선 코팅

다음 예시의 좌우 텍스트를 비교해보세요. 폰트 종류와 크기가 같음에도 불구하고 모양에 차이가 있습니다. 오른쪽 텍스트는 테두리가 매끈한데 반해, 왼쪽 텍스트는 도트가 깨진 듯 거칠게 보입니다.

일반적으로 PPT에 텍스트를 입력하면 왼쪽 예시와 같이 나타납니다. 글자 크기가 작을수록, 명조체나 상용 폰트일수록 이런 현상은 두드러집니다. 다행히 인쇄 결과는 차이가 없습니다. 하지만 모니터나 빔프로젝터 등을 통해 볼 때 거친 폰트가 화면에 빽빽히 차있으면 아무래도 가독성이 낮아지게 마련입니다.

'윤곽선 코팅'은 텍스트를 매끄럽고 부드럽게 만들어 가독성을 높이는 기술입니다. 명품 PPT 디자인을 완성하는 디테일이라 할 수 있습니다.

일반적인 상용폰트 활용 시 폰트가 깨져서 가독성이 떨어집니다	VS	일반적인 상용폰트 활용 시 폰트가 깨져서 가독성이 떨어집니다
이때 윤곽선을 손질하면 가독성이 크게 향상됩니다	VS	이때 윤곽선을 손질하면 가독성이 크게 향상됩니다
같은 폰트라도 이렇게 차이가 납니다	VS	같은 폰트라도 이렇게 차이가 납니다

▲ 윤곽선 설정 여부의 차이

경 로

• 드래그하여 윤곽선을 코팅할 텍스트 선택 → [우클릭] → [텍스트 효과 서식] → [텍스트 채우기 및 윤곽선] 메뉴 → [텍스트 윤곽선] → [실선] → [투명도: 100%]

❶ 드래그하여 윤곽선 코팅을 적용할 텍스트 범위를 선택합니다.

▲ 윤곽선 적용 단계(1)_적용 범위 선택

❷ 우클릭 후 [텍스트 효과 서식]을 클릭해 세부 설정창을 불러옵니다.

▲ 윤곽선 적용 단계(2)_우클릭 후 텍스트 효과 서식 선택

❸ [텍스트 채우기 및 윤곽선] 항목을 선택합니다.

▲ 윤곽선 적용 단계(3)_텍스트 채우기 및 윤곽선 선택

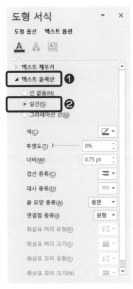

❹ [텍스트 윤곽선] 항목을 클릭한 후 옵션 중 [실선]을 체크합니다.

▲ 윤곽선 적용 단계(4)_실선 적용

⑤ '투명도'를 100%로 조정합니다.

Before
폰트에 윤곽선 코팅을 적용해봅시다

After
폰트에 윤곽선 코팅을 적용해봅시다

▲ 윤곽선 적용 단계(6)_적용 결과

▲ 윤곽선 적용 단계(5)_투명도 100 적용

※ 만약 텍스트 윤곽선을 부드럽게 하는 것이 아니라 테두리 실선에 색깔을 넣으려면 ❹ 단계에서 원하는 [색]을 선택하고 투명도는 0%로 두면 됩니다.

텍스트 윤곽선 코팅을 적용하면 디자인이 매우 깔끔하고 고급스러워집니다. 적극적으로 활용하기를 권합니다. 하지만 매번 텍스트 상자를 입력할 때마다 윤곽선 코팅을 해야 한다면 너무 번거로운 일이 될 것입니다. 보다 효율적으로 이 스킬을 활용하려면 앞서 배운 '서식 복사' 기능, '기본 텍스트 상자 설정'과 함께 사용하는 것이 좋습니다.

윤곽선 코팅을 적용한 텍스트의 서식을 복사(Ctrl + Shift + C)해 다른 텍스트에 붙여넣거나(Ctrl + Shift + V), 새 문서를 열어 작업을 시작할 때 윤곽선을 코팅한 텍스트 상자를 '기본 텍스트'로 설정하는 것입니다. 특히 '기본 텍스트 상자 설정' 기능을 이용하면 문서 작업 초기에 단 한 번의 세팅으로 이후 생성하는 모든 텍스트에 윤곽선 코팅이 적용되도록 할 수 있습니다.

MEMO

POWERPOINT

도형

01 도형 설정

01 다재다능한 디자인 재료, 도형

　도형 개체는 슬라이드 디자인 시 다양한 용도로 사용됩니다. 특히 메시지를 도해 형태로 구조화하는 실무 PPT에서는 문서의 골격 역할을 해줍니다. 여러 도형을 조합함으로써 정보의 구조와 메시지 흐름을 만들 수 있습니다. 또한 그 자체로 텍스트 상자 역할을 수행하기도 하고, 강조영역을 지정하거나 디자인의 장식을 더하는 데 쓰이기도 합니다. 이처럼 도형은 다른 어느 개체보다 용도와 쓰임새가 많습니다. 텍스트와 도형을 적절히 조합하는 것만으로도 근사한 PPT 디자인을 완성할 수 있을 정도입니다. 이번 장에서는 도형 개체를 자유자재로 활용하기 위해 알아야 할 핵심 기능들을 살펴보겠습니다.

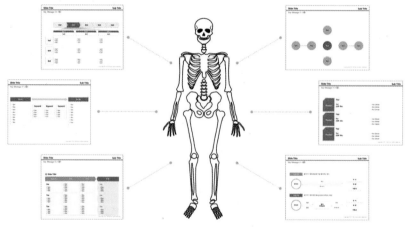

▲ 슬라이드의 뼈대, 도형

02 도형 채우기

도형 삽입 후 개체 내부에 색상, 그라데이션, 이미지, 패턴 등을 채울 수 있습니다. 이 중 도형 채우기에 가장 많이 사용하는 요소는 색상입니다. 도형에 색을 부여함으로써 특정 부분을 강조하거나 개체의 역할을 구분합니다.

❶ 내부 색상을 변경하려는 도형 개체를 선택합니다.

❷ 리본 메뉴 [서식] 탭을 클릭합니다.

❸ [도형 채우기] 아이콘을 클릭합니다. [채우기 옵션] 메뉴가 열립니다.
- 테마색: 기본 제공 색상입니다. 원하는 색상을 클릭하면 적용됩니다.
- 채우기 없음: 도형 내부가 투명해집니다.
- 다른 색 채우기: 보다 다채로운 색상표에서 색을 선택하거나 RGB 값을 입력해 특정 색상을 적용할 수 있습니다. 도형 내부 투명도 설정도 가능합니다.
- 스포이트: 슬라이드 영역에서 클릭한 특정 지점의 색상을 추출해 도형 내부를 칠해주는 도구입니다.
- 그림: 외부 이미지 파일을 선택해 도형 내부를 그림이나 사진으로 채울 수 있습니다.
- 그라데이션: 2가지 이상의 색상을 섞어 점층적으로 변하는 효과를 줍니다.

❹ 도형 내부를 채울 색상이나 효과를 선택합니다.

▲ 도형 채우기 옵션

▲ 도형 서식 중 채우기 옵션

03 도형 윤곽선

도형 윤곽선은 개체 테두리 선의 서식을 설정하는 기능입니다. 색상, 굵기, 점선의 모양 등을 선택할 수 있습니다.

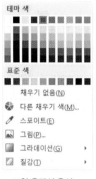

▲ 도형 윤곽선 옵션

▲ 도형 서식에서 윤곽선 설정

❶ 윤곽선을 세팅하려는 도형 개체를 선택합니다.

❷ 리본 메뉴 [서식] 탭을 클릭합니다.

❸ [도형 윤곽선] 아이콘을 클릭하여 [윤곽선 옵션] 메뉴를 엽니다.

   – 테마색: 기본 제공 색상입니다. 도형 테두리 선에 선택한 색을 적용합니다.

   – 윤곽선 없음: 도형의 윤곽선을 제거해줍니다.

   – 다른 윤곽선 색: RGB 값을 입력해 특정 색상을 지정할 수 있습니다. 윤곽선의 투명도 설정도 변경 가능합니다.

   – 스포이트: 슬라이드 영역에서 클릭한 특정 지점의 색상을 추출해 선에 적용해주는 도구입니다.

❹ 윤곽선 색상을 적용한 경우 ❸ 단계에서 연 [윤곽선 옵션] 메뉴에서 선 두께와 형태를 바꿀 수 있습니다.

   – 두께: 1/4pt~6pt 중 원하는 두께를 선택할 수 있습니다. 마우스 커서를 올리면 적용 예시를 미리 볼 수 있습니다. 보다 디테일한 굵기를 입력하려면 '다른 선'을 선택합니다.

   – 대시: 윤곽선의 형태를 선택할 수 있습니다. 다양한 실선, 점선 형태가 제공됩니다.

04 도형 효과

도형 개체에 그림자, 반사, 네온, 입체 등의 비주얼 효과를 더해주는 기능입니다. 잘 사용하면 특정 도형 개체를 돋보이게 할 수 있으나 과하게 사용하면 디자인이 산만해지기 쉽습니다. 깔끔한 디자인을 위해 가급적 사용을 자제하길 권합니다.

① 도형 효과를 적용하려는 도형 개체를 선택합니다.
② 리본 메뉴 [서식] 탭을 클릭합니다.
③ [도형 효과] 아이콘을 클릭하여 적용하길 원하는 효과를 선택합니다.
　– 종류: 그림자 / 반사 / 네온 / 부드러운 가장자리 / 입체 효과 / 3차원 회전
④ 도형 효과 아이콘 위에 마우스 커서를 올리면 적용 예시를 미리 볼 수 있습니다. 보다 세부적인 설정을 하려면 각 효과 메뉴 하단의 [옵션]을 클릭합니다.

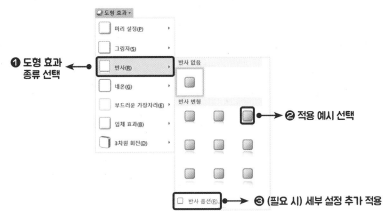

▲ 도형 효과 메뉴 예시

05 도형을 텍스트 상자로 활용하기

도형 개체를 클릭하여 선택 후 텍스트를 입력하면 도형이 그 자체로 텍스트 상자 역할을 합니다. 도형 내 텍스트와 관련한 서식 조정은 리본 메뉴 [홈] 탭의 '글꼴' 그룹에서 할 수 있습니다. 텍스트 개체 설정에서 설명한 여러 옵션을 동일하게 적용할 수 있습니다.

단, 보다 자유로운 디자인을 위해 도형 개체와 텍스트 상자를 개별적으로 생성하고 도형 개체 위에 따로 텍스트 개체를 올리는 방식으로 작업하는 것이 좋습니다. 텍스트 위치 지정과 텍스트 서식 세부 설정을 하기에 더욱 편리하기 때문입니다. 배열을 마친 후에는 도형 개체와 텍스트 개체를 '그룹화(Ctrl + G)'하여 하나의 개체처럼 운용하면 됩니다.

▲ 도형에 직접 텍스트 입력　　　▲ 도형 개체와 텍스트 개체를 따로 생성

02 선 그리기

01 선 삽입

연결

▲ 선의 기능 ①: 연결

단절

▲ 선의 기능 ②: 단절

선(line)은 '연결'과 '단절'을 표현하는 데 주로 사용되는 디자인 요소입니다. 도형 개체의 일종 으로 [도형] 삽입과 같은 방법으로 생성할 수 있습니다.

▲ 선 삽입 메뉴

❶ 리본 메뉴 [삽입] 탭을 클릭합니다.

❷ [도형] 아이콘을 클릭합니다.

❸ 두 번째 줄 [선] 항목에서 삽입하려는 선 모양을 선택합니다.

❹ 마우스 커서가 십자 모양으로 변한 것을 확인한 후 슬라이드 영역에서 원하는 길이로 드래그합니다.

❺ 최초 클릭 지점이 '머리', 드래그를 끝내는 지점이 '꼬리'인 선 이 삽입됩니다.

02 선 형태 조정

도형과 마찬가지로 선의 형태(색상, 굵기, 점선 밀도, 화살표 방향 등)도 리본 메뉴 [서식] 탭의 [도형 윤곽선] 아이콘을 클릭해 조정할 수 있습니다.

❶ 형태를 조정할 선 개체를 선택합니다.
❷ 리본 메뉴 [서식] 탭을 클릭합니다.
❸ [도형 윤곽선]을 클릭합니다.
❹ 원하는 조정 옵션을 선택합니다.
  – 색상: 색상표, 다른 윤곽선 색, 스포이트 기능을 활용해 선 색상을 바꿀 수 있습니다.
  – 두께: 선의 굵기를 조정합니다.
  – 대시: 실선뿐만 아니라 다양한 점선 형태로 변경할 수 있습니다.
  – 화살표: 선의 머리 또는 꼬리에 화살표를 비롯한 포인트를 넣을 수 있습니다.
      포인트 도형의 유형과 크기를 바꾸려면 '다른 화살표'를 클릭합니다.
※ 선 개체 우클릭 후 [도형 서식] 메뉴를 선택하면 화살표 유형, 크기, 투명도 등 선의 형태를 보다 디테일하게 조정할 수 있습니다.

T I P

선으로 개체 간 연결하기

선을 그려 두 개체를 '연결'할 수 있습니다. 연결한 이후에는 도형 위치가 변경되어도 선이 끊어지지 않고 자동으로 모양이 바뀝니다. 이 기능은 조직도 등을 그릴 때 유용합니다.
1) 리본 메뉴 [삽입] 탭에서 [도형] 아이콘을 클릭합니다.
2) 원하는 선 모양을 선택합니다.
3) 연결하려는 개체(A) 위에 커서를 올리면 네 개의 원형 버튼이 나타납니다. 이 버튼 중 하나를 택해 드래그를 시작합니다.
4) (A)개체와 연결하려는 다른 개체(B) 위에 커서를 올리면 나타나는 네 개의 원형 버튼 중 하나를 택해 연결해준다는 느낌으로 드래그를 완료합니다.
5) 드래그 시작 지점((A)개체 원형 버튼)과 종료 지점((B)개체 원형 버튼)이 연두색이면 연결이 완료된 것입니다. 개체를 움직여 선의 연결 여부를 확인할 수 있습니다.

03 자유 도형 그리기

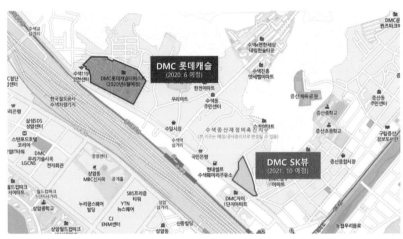

▲ 자유 도형 적용 예시

지도 위 특정 지역과 같이 복잡한 형태의 도형은 파워포인트 기본 도형에는 없습니다. 하지만 '자유 도형' 그리기 기능을 사용하면 만들어볼 수 있습니다. 자유 도형은 말 그대로 사용자가 원하는 임의의 도형을 그리는 기능입니다. 자유 도형 그리기에 익숙해지면 도형을 활용한 표현의 폭이 더욱 넓어집니다.

자유 도형 기능을 잘 사용하려면 두 가지를 기억해야 합니다. 첫째는 '드래그하지 말고 클릭-이동을 반복하라'는 것입니다. 클릭할 때마다 지점이 고정되어 방향을 바꿀 수 있으며 이어서 선을 그려갈 수 있습니다. 드래그하여 선을 그릴 경우 삐뚤빼뚤해져서 디자인에 활용하기 어렵습니다. 둘째는 '시작 지점으로 다시 돌아와야 도형 개체가 만들어진다'는 것입니다. 시작 지점으로 돌아오기 전에 자유 도형 그리기를 멈추면 면이 있는 도형이 아니라 선 개체가 됩니다. 마우스 커서를 시작점 위에 올리면 생성될 도형을 미리 볼 수 있습니다.

❶ 리본 메뉴 [삽입] 탭을 클릭합니다.
❷ [도형] 아이콘을 클릭합니다.
❸ [도형] 종류 중 [선] 항목에서 '자유형: 도형'을 선택합니다.

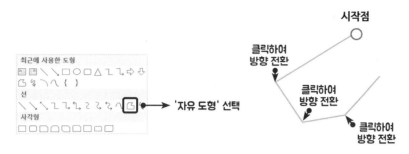

▲ 도형 목록 중 자유 도형 아이콘　　　　　　　▲ 클릭-방향 전환으로 자유 도형 모양 만들기

④ 최초 시작 지점을 클릭 후 마우스를 움직여보면 선이 생깁니다.

⑤ 이후 다시 클릭할 때마다 해당 지점이 고정되고 선의 방향을 바꿀 수 있습니다.

⑥ 클릭-이동-클릭을 반복하며 원하는 자유 도형 모양을 그립니다.

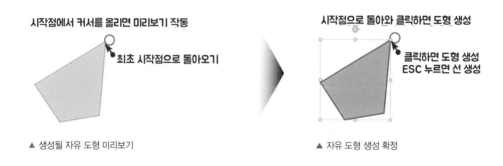

▲ 생성될 자유 도형 미리보기　　　　　　　　▲ 자유 도형 생성 확정

⑦ 최초 시작 지점에 커서를 올리면 생성될 도형 미리보기가 나타납니다.

⑧ 자유 도형 생성을 확정하려면 최초 시작 지점을 클릭합니다.

(※ 자유 '선'을 그리려면 최초 지점으로 돌아오지 않고 ESC 키를 누르면 됩니다)

예제의 지도 위에 표시된 범위를 따라 자유 도형 그리기를 실습해봅시다.

❶ 리본 메뉴 [삽입] 탭의 [도형]에서 '자유형: 도형'을 선택합니다.

❷ 지도 위에 표시된 지점을 클릭해가며 자유 도형을 그립니다. 마지막으로 최초 시작 지점을 클릭해 선을 닫아줘야 도형 개체가 삽입됩니다.

❸ 삽입한 도형을 선택한 후 리본 메뉴 [서식] 탭의 [도형 채우기]를 클릭해 색을 넣습니다.
❹ 도형 개체를 우클릭하고 [도형 서식]을 선택하세요.

❺ [도형 옵션]-[채우기 및 선] 항목의 [단색 채우기] 메뉴의 '투명도'를 조정합니다.

▲ 자유 도형 생성 실습(4)_도형 서식 설정

❻ 삽입한 도형을 선택한 후 리본 메뉴 [서식] 탭의 [도형 윤곽선]을 클릭해 테두리 색과 두께를 조정합니다.

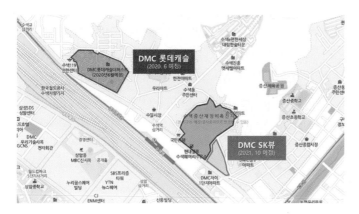

TIP

도형 점편집

'도형 편집' 기능은 이미 생성한 도형의 모양을 변경하는 것을 도와줍니다. 다만 익숙해지기까지 많은 연습이 필요합니다. 평소에는 굳이 사용하지 않으셔도 무방합니다.

① 일반 도형 생성 모드　② 점 편집 작동 모드　③ 점 편집 실행　④ 점 편집 결과

1) 모양을 편집할 도형을 우클릭합니다.

2) 기능 메뉴 중 [점 편집]을 클릭합니다.

3) 선택한 도형의 테두리에 검은색 사각 버튼(A)이 나타납니다.

4) 이 버튼을 클릭하면 좌우에 하얀 사각 버튼(B)이 나타납니다.

5) 이 두 버튼(A, B)을 드래그하여 도형의 모양을 조정할 수 있습니다.

   – 검정 버튼은 드래그하여 선의 방향을 바꾸거나 도형의 면을 넓힐 수 있습니다.

   – 하얀 버튼은 드래그하여 선의 각도를 바꿀 수 있습니다.

04 도형 병합

자유 도형 기능 외에 원하는 도형 모양을 디자인하는데 유용한 기능이 있습니다. '도형 병합'이라는 기능입니다. (파워포인트 2010 버전은 '셰이프 결합') 두 개 이상의 개체를 조합해 새로운 개체를 만들어줍니다.

경 로

• 병합할 개체 2개 이상 선택 → [서식] 탭 → [도형 병합] → 병합 옵션 선택

❶ 드래그나 Ctrl + 클릭(복수 선택)으로 두 개 이상의 개체를 선택합니다.
('통합' 옵션 외에는 두 개체가 일정 부분 이상 겹쳐 있어야 합니다.)

원본

❷ 리본 메뉴 [서식] 탭의 [도형 병합] 메뉴에서 원하는 병합 옵션을 클릭합니다.
– 통합: 두 개체가 하나로 합쳐집니다.

통 합

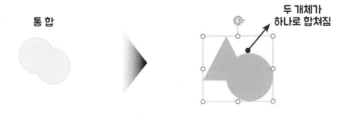

두 개체가
하나로 합쳐짐

– 결합: 두 개체의 겹친 부분이 제거되어 구멍이 난 채 통합된 새 개체가 생성됩니다.

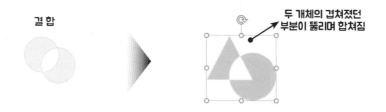

– 조각: ① 두 개체의 겹친 부분, ② 겹친 부분이 제외된 A개체의 나머지, ③ 겹친 부분이 제외된 B 개체의 나머지까지 총 세개의 개체로 분리됩니다.

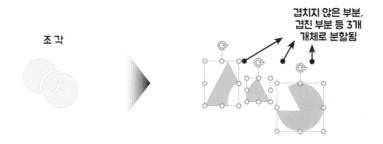

– 교차: 두 개체의 겹쳐진 부분만 남습니다.

– 빼기: 두 개체 중 처음 선택한 개체(A)에서 겹친 부분이 제거됩니다.

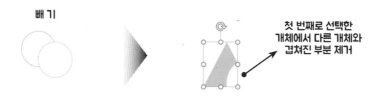

※ 도형 대체 2개를 선택한 후 각 병합 옵션을 한 번씩 적용해보세요.

도형 병합 기능을 사용하려면 복수의 개체를 선택해야 합니다. 이때 어떤 개체를 먼저 선택하느냐가 중요합니다. 도형 병합 기능을 적용해 새로 생성되는 개체는 '처음 클릭한 개체의 속성'을 계승하기 때문입니다. 이 관계를 알아야 도형 병합 기능을 쓸 때 시행착오가 줄어듭니다.

2013 버전부터는 도형과 도형만 병합하는 것이 아니라 도형, 이미지, 텍스트 등 보다 다양한 개체를 서로 결합할 수 있게 됐습니다. 이를 통해 훨씬 다채로운 디자인이 가능해졌습니다. 도형 병합은 인포그래픽이나 비주얼 중심 슬라이드 디자인을 하려면 꼭 익혀둬야 하는 기능 중 하나입니다. 원활히 사용할 수 있도록 연습해보세요.

05 기본 도형 설정

'기본 도형 설정'은 '기본 텍스트 상자 설정'과 마찬가지로 새로 삽입하는 도형에 적용할 서식을 지정해주는 기능입니다. 세팅 방법도 '기본 텍스트 상자 설정'과 동일합니다.

❶ 도형 개체를 삽입합니다.

❷ 이후 도형을 삽입할 때마다 적용되어 나왔으면 하는 서식(색상, 윤곽선, 도형 효과 등)을 적용합니다.

❸ ❷단계에서 세팅한 도형 개체를 우클릭합니다.

❹ 활성화되는 메뉴 중 [기본 도형으로 설정]을 선택합니다.

❺ 이후 새로 삽입하는 도형 개체에 지정한 서식이 적용되어 생성됩니다.

▲ 기본 도형으로 설정

MEMO

POWERPOINT

이미지

마음을 움직이는 이미지의 힘

01 메시지 전달의 하이패스, 이미지

이미지는 효과적인 메시지 전달을 위한 중요한 디자인 요소입니다. 글이나 말로 설명하려면 구구절절 길어질 내용이 이미지 한 장으로 단숨에 전해지는 경우가 많습니다. 예를 들어, 공장 설비가 망가져 관계자들에게 현황을 설명해야 하는 경우를 상상해봅시다. 어디가 어떻게 고장 났는지 글로 쓰기보다 실사 사진을 첨부하면 보다 명확히 이해할 수 있습니다.

또한 이미지는 슬라이드를 보는 사람의 마음을 움직입니다. 텍스트는 이성적인 도구입니다. 보는 사람으로 하여금 머리로 생각하게 합니다. 반면 이미지는 단숨에 감성에 파고드는 도구입니다. 해외 난민 아동 돕기 캠페인을 떠올려보세요. 난민 아동수, 구호 방안, 필요 재원, 기대 효과 등을 텍스트로만 나열한다면 아마 예비 후원자들로 하여금 난민 아동을 돕는 일을 '내 일'처럼 느끼도록 하기는 어려울 것입니다. 실제 많은 구호 단체들은 굶주리고 아픈 아이, 도움을 받아 활짝 웃는 아이들의 이미지를 광고에 활용합니다. 그런 이미지를 보며 우리는 비로소 측은 함을 느끼고 후원을 시작합니다. 이미지의 힘이 조금은 와 닿나요?

과거에는 PPT 슬라이드도 워드 문서처럼 텍스트만 빽빽했습니다. 그런데 스티브 잡스가 혁신적이고 세련된 프레젠테이션을 통해 이미지의 힘을 보여준 이래 급속히 트렌드가 바뀌어가고 있습니다. 감각적인 이미지가 과감히 사용되어 슬라이드의 전달 효과를 극대화합니다. 심지어 다소 보수적인 실무 PPT 문서에도 픽토그램 등 이미지 요소 사용 빈도가 높아지고 있습니다.

파워포인트의 이미지 관련 기능을 숙지한다면 일반적인 PPT 문서 뿐 아니라 강의안, 카드뉴스, 블로그 배너나 유튜브 썸네일 등의 SNS 콘텐츠까지 활용 폭이 엄청나게 넓어집니다. 파워포인트를 명실상부하게 멀티 툴로서 사용할 수 있게 됩니다.

출처: Photo by Thom on Unsplash

02 PPT 디자인을 위한 이미지의 요건

이미지 중심의 PPT를 디자인할 때 가장 중요한 요소는 두말할 것 없이 '고퀄리티 이미지'입니다. 신선한 회는 별다른 양념이나 찬이 없어도 그 자체로 별미이듯, 좋은 이미지를 사용하는 것은 그 자체로 슬라이드 디자인의 완성도를 현저히 높여줍니다.

그렇다면 이미지를 구할 때 고려해야 할 사항은 무엇일까요?

1. 기술적으로 촬영한 사진

PPT의 목적에 따라 적합한 이미지는 달라집니다. 때로는 핸드폰 카메라로 대충 찍은 사진도 유용하게 쓰일 수 있습니다. 하지만 일반적인 경우, 실력 있는 작가가 촬영 의도와 시선을 가지고 사진 기술을 적용해 촬영한 이미지를 사용하는 것이 좋습니다.

2. 고해상도 이미지

사진의 기술적인 품질 못지않게 중요한 것이 해상도입니다. 쉬운 이해를 위해 간단히 말하자면 해상도는 이미지 크기입니다. 편집 과정에서 자유자재로 이미지 크기를 조정하려면 크기가 큰 고해상도 이미지를 찾아야 합니다.

큰 이미지를 작게 만들 수는 있지만 작은 이미지를 깔끔하게 키울 수는 없기 때문입니다. 작은 이미지를 억지로 크게 늘리면 픽셀이 도드라져 매우 지저분해보이게 됩니다. 픽셀이 깨진 이미지를 사용하면 PPT 슬라이드 전체의 품질 저하에 영향을 미치므로 사실상 쓸 수 없습니다. 애초에 이미지 탐색 단계에서부터 가급적 사이즈가 1024×768 픽셀 이상인 이미지를 찾길 권합니다.

3. 워터마크 없는 이미지

이미지 모퉁이나 중앙에 작가 이름이나 로고가 희미하게 겹쳐져 있는 경우가 있습니다. 이를 '워터마크'라고 합니다. 저작권을 표시하는 것입니다. 워터마크가 새겨진 이미지는 저작권을 무시하고 퍼왔다는 의미가 됩니다.

미관상으로도 픽셀이 도드라지는 저해상도 이미지와 더불어 PPT 디자인 퀄리티를 떨어뜨리는 주범입니다. 아무리 마음에 드는 이미지라도 워터마크가 있으면 가급적 사용하지 않길 바랍니다.

4. 정비율 이미지

간혹 눈에 띄게 비율이 부자연스러운 이미지를 찾아볼 수 있습니다. 한눈에 인지될 정도로 비율이 틀어진 이미지는 보는 사람으로 하여금 불안정감과 불쾌감을 느끼게 합니다. 이런 이미지는 설령 사용하더라도 비율을 자연스럽게 수정할 필요가 있습니다.

5. 배경이 투명하거나 깔끔한 이미지

배경이 투명한 이미지는 템플릿 슬라이드 환경에 영향을 덜 받아 활용도가 높습니다. 어디에든 잘 어울립니다. 그러니 가급적 투명한 이미지 파일을 찾길 권합니다. 투명도를 표현할 수 있는 대표적인 이미지 확장자인 'PNG 파일'을 구하면 됩니다.

반면, 배경이 화려하거나 복잡한 이미지는 PPT 템플릿에 자연스럽게 녹아들기 어렵습니다. 이미지와 슬라이드가 따로 놀게 됩니다. 이미지가 화면에 가득 차도록 크기를 키워 단독으로 사용하는 방법 외에 디자인 시 활용 폭이 상대적으로 적습니다.

만약 배경이 아예 투명하게 제거된 이미지를 찾지 못한다면 차선책으로 배경 무늬가 단조로운 개체를 찾으시기 바랍니다. 배경이 간소하면 이후 알려드릴 [배경 제거] 기능을 이용해 불필요한 부분을 투명하게 편집할 수 있습니다.

> TIP
>
> **PNG 이미지와 JPG 이미지**
>
> 모든 파일 뒤에는 해당 파일의 특징과 역할을 나타내는 '확장자'가 붙습니다. PPT 문서를 작성할 때 활용하는 이미지 파일의 확장자는 대부분 PNG 또는 JPG입니다. 이 둘의 차이는 무엇일까요? 단순하게 보면 '투명도 표현 가능 여부'입니다.
>
> PNG 파일은 투명한 영역을 표현할 수 있습니다. JPG 파일은 불가능합니다. 배경이 투명한 PNG 파일을 JPG 파일로 변환하면 투명하던 영역이 하얀색으로 채워집니다. 투명도 표현이 가능하다는 특성상 PNG 파일이 PPT 작업에 보다 유용합니다.

이미지 보정과 별도 저장

파워포인트에서는 이미지 밝기와 대비, 색상 등을 손쉽게 수정할 수 있습니다. 보정한 이미지는 별도의 이미지 파일로 다시 저장해 다른 곳에서도 사용 가능합니다.

01 그림 수정

▲ 이미지 수정 아이콘

❶ 밝기, 대비, 선명도 등을 조정할 이미지 개체를 선택합니다.
❷ 리본 메뉴 [서식] 탭을 클릭합니다.
❸ [수정] 아이콘을 클릭합니다.
❹ 중심점의 원본 이미지와 비교한 밝기/대비 변화를 적용 예시를 보며 선택할 수 있습니다.

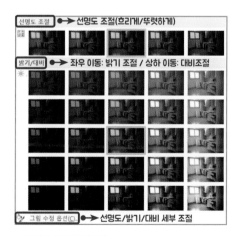

▲ 이미지 수정 옵션(기본)

❺ 예제 설정보다 디테일하게 옵션을 조정하고 싶다면 [수정] 아이콘을 클릭 후 [그림 수정 옵션]을 선택합니다.

  – 선명도: 이미지를 보다 또렷하게 하거나 흐릿하게 만들 수 있습니다.

  – 밝기: 이미지의 밝음 정도를 조정합니다.

  – 대비: 밝은 색은 더욱 밝게, 어두운 색은 더욱 어둡게 만듭니다.

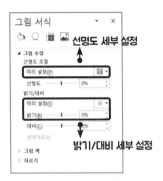

▲ 이미지 수정 옵션(상세)

원본

밝기 +40%/대비 +20%

▲ 이미지 수정 결과

02 색조/채도 수정(흑백 이미지 만들기)

▲ 색 수정 아이콘

❶ 색조/채도 등을 조정할 이미지 개체를 선택합니다.

❷ 리본 메뉴 [서식] 탭을 클릭합니다.

❸ [색] 아이콘을 클릭합니다.

❹ 해당 이미지의 색조/채도를 조정할 수 있습니다.

　– 채도: 색상의 진하고 옅음을 조정합니다. 왼쪽(채도 ↓)으로 갈수록 흑백이 됩니다.
　　　　오른쪽(채도 ↑)로 갈수록 각각 색상이 뚜렷해집니다.

　– 색조: 색의 온도값을 조정합니다. 왼쪽(온도값 ↓)으로 갈수록 이미지가 푸르스름해집
　　　　니다. 오른쪽(온도값 ↑)으로 갈수록 누르스름해집니다.

　– 다시 칠하기/기타 변형: 이미지의 주요 색상을 변경해줍니다. 자주 사용하진 않습니다.

❺ [색] 아이콘을 클릭 후 '색 채도' 항목 맨 왼쪽 예시를 선택하면 이미지를 흑백으로 변경시
킬 수 있습니다.

❻ 채도와 색 온도를 보다 디테일하게 조정하고 싶다면 [색] 아이콘 클릭 후 [그림 색 옵션]
을 선택합니다. 여기서 채도값을 ❶로 설정하는 방식으로도 흑백 이미지를 만들 수 있습
니다.

▲ 그림색 수정 옵션과 흑백 설정

▲ 이미지 색 수정 결과(칼라 → 흑백)

03 파워포인트 개체를 그림 파일로 저장하기

파워포인트에서 수정한 이미지는 JPG나 PNG 같은 그림 파일로 따로 저장할 수 있습니다. 이를 통해 파워포인트로 보정한 이미지를 블로그 등 다른 채널이나 도구에서도 사용 가능해집니다.

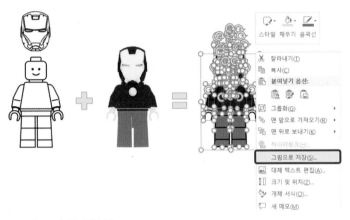

▲ 그림으로 저장할 개체 선택

① 이미지 파일로 만들 개체를 선택합니다. 복수 선택도 가능합니다.
② 선택한 개체를 우클릭합니다.
③ 메뉴 중 [그림으로 저장]을 클릭합니다.

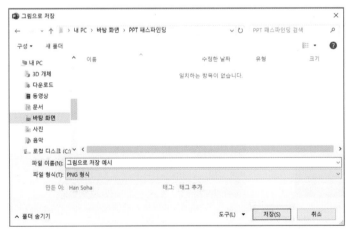

▲ 저장할 폴더 선택

④ 이미지 파일을 저장할 위치, 파일 이름, 파일 형식(JPG, PNG 등)을 설정 후 '저장' 버튼을 누릅니다.

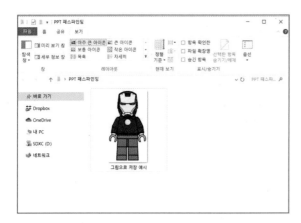 

▲ 그림으로 저장 결과

❺ 선택한 위치에 이미지 파일이 생성됩니다.

※ 복수 선택한 개체는 하나의 이미지로 합쳐집니다.

T I P

그림 효과

'그림 효과'는 이미지 개체에 꾸밈 요소를 더해주는 기능입니다. '도형 효과'와 적용 방법, 특징이 모두 같습니다. 그림 효과 역시 과해지면 디자인을 산만하게 합니다. 깔끔한 PPT를 위해 절제해 사용하는 것이 좋습니다.

1) 그림 효과를 적용하려는 이미지 개체를 선택합니다.
2) 리본 메뉴 [서식] 탭을 클릭합니다.
3) 중앙에 위치한 [그림 효과] 아이콘을 클릭합니다.
   - ① 그림자, ② 반사, ③ 네온, ④ 부드러운 가장자리, ⑤ 입체 효과, ⑥ 3차원 회전 등을 적용할 수 있습니다.
4) 원하는 그림 효과와 적용 옵션을 선택합니다. 마우스 커서를 올리면 적용 예시를 미리 볼 수 있습니다.

03 이미지 배경 제거

배경이 투명한 이미지는 어떠한 PPT 슬라이드의 배경 서식과도 대체로 잘 어우러집니다. 반면, 기껏 마음에 드는 이미지를 찾았으나 배경이 투명하지 않으면 슬라이드와 따로 놀아 활용폭이 제한됩니다. 그렇다고 이미지 배경 하나 지우자고 포토샵과 같은 전문 편집 툴을 배우는 건 배보다 배꼽이 큰 일일 것입니다.

이런 경우 파워포인트의 '배경 제거' 기능을 사용하면 됩니다. 배경 제거 기능은 불러온 이미지의 일부 영역을 투명하게 만들어줍니다. 이 기능에 숙련될 경우 배경이 투명한 이미지를 찾아 헤매는 시간을 아낄 수 있고 디자인에 활용할 수 있는 이미지 스펙트럼이 넓어집니다.

❶ 배경을 제거할 이미지 개체를 선택합니다.

❷ 리본 메뉴 [서식] 탭을 클릭합니다.
❸ [배경 제거] 아이콘을 클릭합니다.

이미지 개체 선택 후 [그림 서식]
탭을 클릭하면 가장 좌측에 위치

④ 선택한 이미지의 일부가 보라색으로 변합니다. 이 보라색 부분이 '제거할 영역'입니다.

⑤ 리본 메뉴 영역에 제거 영역 설정을 위한 아이콘이 나타납니다.
- **보관할 영역 표시**: 보라색(삭제 대상)으로 선택된 부분 중 해제할 영역을 표시합니다.
- **제거할 영역 표시**: 제거 영역으로 선택되지 않은 부분 중 삭제할 영역을 표시합니다.
- **표시 삭제**: 보관 또는 제거를 위해 체크해둔 표시를 지워줍니다.

보관/제거할 영역 선택
↑
보관할 영	제거할 영	표시		변경 내용	변경 내
역 표시	역 표시	삭제		모두 취소	용 유지
	미세 조정			닫기	

⑥ '보관할 영역 표시'와 '제거할 영역 표시'를 활용하여 제거하려는 부분만 보라색이 되도록 조정합니다.
- '보관/제거할 영역 표시'를 클릭한 후 원하는 위치에 '선을 그으면' 자동으로 주변 영역을 잡아줍니다. 반복해가며 삭제 영역을 지정합니다.
- 영역 지정 과정에서 Ctrl + Z 키를 누르면 직전 작업이 1단계씩 취소됩니다. 범위 지정이 잘못 됐을 때 간편하게 되돌릴 수 있습니다. 적절히 활용하면 제거 범위 설정이 보다 편리해집니다.

❼ 제거를 희망하는 부분만 보라색 영역으로 표시됐다면 개체 밖 임의의 위치를 클릭하거나 **ESC** 키를 눌러 기능을 종료해 제거 범위를 확정합니다.

❽ 보라색 영역이 삭제되며 투명해집니다.

**배경이 제거된 곳은
투명해집니다.**

 배경 제거를 적용할 이미지는 지울 영역(배경)이 단조로워야 편집이 쉽습니다. 배경이 단순한 이미지에서 '제거할 영역 표시' 기능을 사용하면 지정한 부분 주위의 색상을 분석해 꽤 깔끔히 삭제 범위를 잡아줍니다. 그런데 이색 저색 섞인 복잡한 이미지에서는 배경 제거 범위가 제대로 설정되지 않습니다. 처음에는 조금 어려울 수 있으니 자주 연습해 내 것으로 만들길 바랍니다. 연습한 값을 톡톡히 하는 기능입니다.

이미지 자르기

PPT 디자인을 위해 찾은 이미지의 일부 영역만 필요한 경우가 있습니다. 크기 때문일 수도 있고, 불필요한 부분을 삭제할 때 이미지의 전달력이 더 높아지기 때문일 수도 있습니다. 이때 '이미지 자르기' 기능을 사용하여 편집할 수 있습니다.

그런데 '이미지 자르기' 기능은 엄밀히 말하면 흔히 생각하는 '자르기(삭제)'와는 다릅니다. 현실에서 종이의 일부를 잘라내면 다시 붙일 수 없습니다. 그런데 파워포인트에서는 잘라낸 이미지를 선택 후 다시 '자르기' 기능을 클릭하면 원본을 되살릴 수 있습니다. 잘라버리는 영역으로 지정한 부분이 살아있기 때문입니다. 즉, 파워포인트의 이미지 자르기는 삭제가 아니라 '보여주고 싶은 부분 선택하기'라는 개념에 가깝습니다.

이미지 자르기 기능을 제대로 사용하려면 '보여주고 싶은 이미지 크기의 액자를 만든다'고 생각하는 것이 좋습니다. 먼저 액자 크기를 세팅하고, 이에 맞춰 이미지 자체를 이동하여 지정한 액자 범위 내에 보여주고 싶은 부분을 위치시키는 것입니다. 마우스 커서를 검은색 프레임이 아닌 이미지 위에 올리면 커서가 십자형 화살표 모양이 됩니다. 이때 드래그하면 액자(자르기 영역 크기)는 그대로 둔 채 이미지 자체를 이동할 수 있습니다.

01 이미지 자르기

▲ 자르기 아이콘

① 잘라낼 이미지 개체를 선택합니다.
② 리본 메뉴 [서식] 탭을 클릭합니다.
③ [자르기] 아이콘을 클릭합니다.

④ 이미지 개체 테두리에 '검은색 프레임' 표시가 나타납니다.

⑤ '검은색 프레임'을 드래그해 잘라낼 영역을 설정합니다. 프레임을 조정했을 때 회색으로 변하는 영역이 잘라낼 부분입니다.

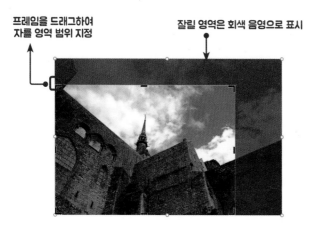

프레임을 드래그하여
자를 영역 범위 지정

잘릴 영역은 회색 음영으로 표시

⑥ 자를 영역을 지정했다면 개체 바깥 임의의 위치를 클릭하여 자르기를 확정합니다.

잘라낼 범위 지정 후 개체 바깥을
클릭하면 자르기 확정

자르기는 '삭제'가 아니므로
[자르기] 기능을 다시 누르면
잘라낸 영역 복구 가능

잘라낸 이미지를 선택 후 다시 [자르기] 아이콘을 클릭합니다. 이미지 원본이 여전히 살아있는 것을 볼 수 있습니다. 이는 이미지 정보가 PPT 파일에 그대로 남아있음을 의미합니다. 즉, 이미지의 불필요한 부분을 잘랐지만 PPT 용량에는 여전히 원본 이미지 크기가 반영되어 있다는 것입니다. 잘라낸 영역을 아예 삭제하려면 다음 장에서 알려드릴 '이미지 압축' 기능을 사용해야 합니다.

02 도형에 맞춰 자르기

기본적인 자르기 기능은 '사각형' 형태로 자를 영역을 지정합니다. 그런데 파워포인트에서 제공하는 다른 도형 모양으로 잘라내는 방법도 있습니다. 절차는 다음과 같습니다.

❶ 잘라낼 이미지 개체를 선택합니다.

❷ 리본 메뉴 [서식] 탭을 클릭합니다.

❸ [자르기] 아이콘 아래 '화살표'를 클릭하여 추가적인 자르기 옵션을 불러옵니다.

❹ [도형에 맞춰 자르기] 항목에 커서를 올리면 잘라낼 도형 모양 목록이 나타납니다. 여기서
   선택한 도형의 모양에 맞춰 이미지가 잘립니다.

❺ 다시 한 번 [자르기] 아이콘을 클릭하면 잘라낼 영역과 비율을 조정할 수 있습니다.

예제를 따라하며 활용 방법을 익혀보겠습니다.

실 습 자동차 바퀴 모양에 맞춰 원형으로 자르기

❶ 잘라낼 자동차 이미지 개체를 선택합니다.

이미지 출처: Photo by Dhiva Krishna on Unsplash

❷ 리본 메뉴 [서식] 탭을 클릭합니다.

❸ [자르기] 아이콘 아래 '화살표'를 클릭하여 추가적인 자르기 옵션을 불러옵니다.

❹ 미션(바퀴 모양에 맞춰 자르기)처럼 '정비율(1:1)'로 잘라내야 할 때는 먼저 [가로 세로 비
   율]에서 [1:1]을 선택합니다. 자동으로 자르기 영역 비율이 맞춰집니다.

❺ 다시 ❶~❸단계를 반복 후 [도형에 맞춰 자르기]를 누르고 '타원' 도형 모양을 선택합니다.

❻ 이미지가 정비율의 원형으로 잘라내집니다.

❼ 이미지 개체를 선택한 채 리본 메뉴 [서식] 탭의 [자르기] 아이콘을 클릭합니다.

❽ 다시 자르기 프레임이 활성화됩니다. (Shift) 키를 눌러 비율을 고정한 채 프레임을 바퀴 크기에 맞춰 조정합니다.

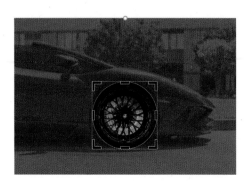

❾ 이미지를 드래그해 설정한 프레임에 바퀴 부분이 일치하도록 이동해줍니다.

05 그림 압축

자르기 기능은 필요 없는 영역을 가리는 것이지 삭제하는 기능은 아닙니다. 자르기를 했더라도 이미지 용량은 그대로입니다. 이미지 한두 장이면 큰 상관 없을지 몰라도 양이 많다면 PPT 파일 용량이 몹시 커질 수 있습니다. 만약 PPT를 다 만들어 더 이상 이미지 크기를 키울 필요가 없다면 불필요한 부분을 아예 삭제해 파일 용량을 가볍게 할 수 있습니다. 이를 위해 사용하는 기능이 '그림 압축'입니다.

▲ 그림 압축 아이콘

① 압축할 이미지 개체를 선택합니다.
② 리본 메뉴 [서식] 탭을 클릭합니다.
③ [그림 압축] 아이콘을 클릭합니다.
④ '압축 옵션'을 설정한 후 '확인' 버튼을 누릅니다.
 – 이 그림에만 적용: 체크를 해제하면 파일 내 모든 이미지에 그림 압축이 적용됩니다.
 – 잘려진 그림 영역 삭제: 자르기한 이미지 개체의 잘라낸 영역을 영구히 삭제해줍니다.
 – 해상도: 압축한 이미지의 해상도 값을 설정합니다.

그림 압축을 완료하면 자른 영역이 영구히 삭제되고 파일 압축을 적용한 사이즈로 이미지 크기가 확정됩니다. 그만큼 PPT 파일 용량도 줄어듭니다. 문서를 종료하면 이미지를 원래대로 되돌릴 수 없습니다. 그러니 작업을 마무리하기 전에 더 수정할 사항이 없는지 확인하고 적용하도록 합니다.

▲ 그림 압축 옵션

06 투명한 이미지 만들기

투명도 0%　　　　투명도 30%　　　　투명도 50%　　　　투명도 85%

▲ 투명도 적용 예시　　　　　　　　　　　　이미지 출처: Photo by Joey Banks on Unsplash

이미지를 투명하게 만드는 방법을 알면 디자인 표현 범위가 매우 넓어집니다. 몇 개의 개체를 겹쳐 새로운 이미지를 만들거나 배경에 은은하게 이미지를 녹여내 유려한 템플릿을 만드는 것도 가능합니다.

파워포인트 개체 중 도형과 텍스트는 투명하게 만들 수 있습니다. 반면, 이미지 개체에는 투명도 조정이 불가능합니다. 그렇다고 방법이 없는 것은 아닙니다. 도형에 색(Color) 대신 이미지를 채우는 스킬을 이용해 우회적으로 투명한 이미지를 표현할 수 있습니다. 처음에는 다소 어렵게 느껴질 수 있지만 찬찬히 따라해 보면 금세 손에 익을 것입니다.

❶ 슬라이드에 투명도를 적용하길 원하는 이미지를 삽입합니다.

❷ 이미지 개체를 선택하고 리본 메뉴 [서식] 탭 가장 오른쪽에서 해당 개체의 높이/너비 값 (cm)을 확인합니다.

❸ 리본 메뉴 [삽입] 탭에서 [도형] 아이콘을 찾아 클릭하여 '직사각형' 도형을 삽입합니다.

❹ 생성한 직사각형을 선택한 채 리본 메뉴 [서식] 탭에서 원본 이미지와 똑같은 크기가 되도
록 높이/너비 값(cm)을 입력합니다.

❺ 사각형 도형을 선택하고 [서식] 탭의 [도형 윤곽선]의 [윤곽선 없음]을 클릭합니다.

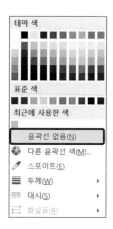

❻ 다시 원본 이미지를 선택하고 Ctrl + C 키를 눌러 [복사]합니다. 이미지 정보가 컴퓨터상
의 '클립보드'에 기억됩니다.

❼ 생성해둔 직사각형 도형을 우클릭하고 [도형 서식]을 선택합니다.

❽ [채우기 및 선] 항목의 [채우기] 옵션 중 [그림 또는 질감 채우기]를 클릭합니다. 선택지 아래에 세부 조정 창이 나타납니다.

❾ 세부 조정 창 옵션 중 [다음에서 그림 삽입]에서 [클립보드]를 클릭합니다.

❿ ❻ 단계에서 복사한 원본 이미지가 도형에 채워집니다.

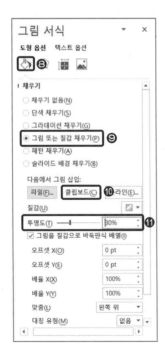

⓫ ⑨ 단계에서 클릭한 [클립보드] 버튼 아래 [투명도] 항목에 원하는 투명도 수치를 입력합니다.

투명도 30%

이미지의 탈을 쓴 투명한 도형 개체가 완성됐습니다. 투명도 적용은 원본 이미지를 한층 톤다운 시켜주어 템플릿 등에서 배경으로 사용하기 쉽게 만들어줍니다. 매우 유용한 스킬이니 몇 번 연습해서 내 것으로 만들기 바랍니다.

T I P

텍스트 내부에 이미지 패턴 채우기

투명도 적용을 위해 도형 내부에 이미지를 채워넣는 것과 같은 원리로 텍스트에 색상 대신 이미지를 채울 수 있습니다.

1) 텍스트 내부에 채우고 싶은 이미지 개체를 슬라이드에 삽입합니다.

2) 이미지를 선택하고 Ctrl + C 키를 눌러 복사합니다.

3) 이미지 패턴을 넣고자 하는 텍스트를 드래그하여 선택합니다.

5) [텍스트 채우기 및 윤곽선] 항목의 [텍스트 채우기] 옵션에서 [그림 또는 질감 채우기]를 선택합니다.
6) 하단 세부 조정창의 [클립보드] 버튼을 클릭합니다.

7) 2) 단계에서 복사한 이미지로 텍스트가 채워집니다.
8) 텍스트 안의 이미지가 옆으로 퍼질 경우 [그림을 질감으로 바둑판식 배열]을 체크합니다.

다른 속성 개체를 이미지로 변환하기

'이미지 개체로 변환' 기능을 활용하여 텍스트, 도형, 표 등 이미지가 아닌 개체를 이미지로 만들 수 있습니다. 여러 개체를 복수 선택한 후 이 기능을 적용하면 합쳐진 하나의 이미지가 됩니다.

❶ 이미지로 변환할 개체를 선택합니다.

❷ Ctrl + C 키를 입력해 복사합니다.

❸ Ctrl + Alt + V 키를 입력합니다.

❹ [선택하여 붙여넣기] 창이 활성화되면 '그림(PNG)'을 선택하고 '확인' 버튼을 클릭합니다.

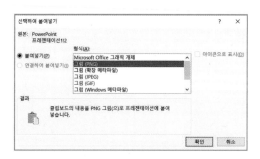

❺ ❶에서 선택한 개체가 하나의 PNG 이미지로 변환됩니다.

※ 다른 프로그램과 단축키가 중복될 경우 Ctrl + Alt + V가 적용되지 않을 수 있습니다. 이 때는 Ctrl + V 키를 입력해 붙여넣고 우측 하단의 '붙여넣기 옵션' 클릭 후 '그림'을 선택해도 됩니다.

이 기능은 디자인이 완료되어 굳이 여러 개체를 따로 관리하지 않고 하나의 이미지로 만들고 싶을 때 사용합니다. 또는 PPT 파일을 공유해야 하긴 하는데, 이 파일을 보는 다른 사람들이 텍스트나 데이터에 임의로 손대는 것을 막고 싶을 때에도 유용합니다.

POWERPOINT

표

표 만들기와 편집하기

표는 여러 정보와 데이터를 X축과 Y축의 교차로 만들어지는 매트릭스 구조에 맞춰 체계적으로 정리해 보여줄 때 유용한 개체입니다. 차트와 더불어 실무 PPT에 매우 자주 사용하는 개체 중 하나인 만큼 알아두면 다방면에 활용할 수 있습니다.

표 삽입 자체는 간단합니다. 다만 기본 표 템플릿은 세련미가 떨어질뿐더러 가독성도 높지 않다는 것이 문제입니다. 그러니 가급적이면 기본 표 포맷을 그대로 쓰지 말고 간단하게라도 디자인을 손보는 것이 좋습니다.

텍스트나 도형 개체와 달리 표는 '기본으로 설정' 기능을 지원하지 않습니다. 일일이 세팅하거나 미리 만들어둔 표를 복제(Ctrl + D)한 후 수정하는 수밖에 없습니다. 효율적인 작업을 위해 자신만의 '표 스타일'을 정하고, 표 삽입 후 고민 없이 해당 스타일을 구현하는 연습을 해보길 바랍니다. 실습을 통해 표 개체 삽입과 세팅 방법, 추천 포맷을 알려드리겠습니다.

구 분	2018	2019
A	10,000	12,000
B	4,340	1,967
C	6,327	9,643

▲ 표 디자인 예시

01 표 삽입 후 기본 서식 적용하기

'표 스타일' 기능을 활용해 파워포인트가 제공하는 다양한 표 서식을 클릭 한 번으로 적용할 수 있습니다. 다만, 기본 제공 서식은 디자인 품질이 높지 않습니다. 따라서 디자인 요소가 최소화된 기본 스타일을 적용 후 구미에 맞게 세팅해주는 것이 낫습니다.

① 리본 메뉴 [삽입] 탭에서 [표]를 클릭합니다.

② 가로 4칸, 세로 3칸 범위를 선택하거나 [표 삽입]을 클릭 후 '열 개수 3, 행 개수 4'를 입력합니다.

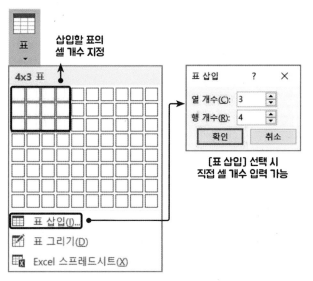

▲ 표 삽입

▲ 표 디자인 기본형

③ 삽입된 표를 선택한 후 리본 메뉴 [디자인] 탭을 클릭합니다.

④ '표 스타일' 항목에서 오른쪽 하단 화살표를 클릭해 전체 표 서식을 불러옵니다.

⑤ '문서와 가장 일치하는 항목' 란에 있는 좌측 위에서 2번째 표 서식([스타일 없음, 표 눈금])을 선택합니다.

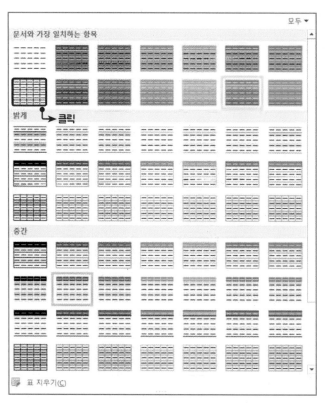

▲ 표 디자인 템플릿

❻ 선택한 서식대로 표 형태가 바뀝니다.

▲ 표에 템플릿 적용

❼ 예제를 참고하여 각 셀(칸)에 항목명과 데이터를 입력합니다.

구분	2018	2019
A	10,000	12,000
B	4,340	1,967
C	6,327	9,643

▲ 표에 데이터 입력

※ 표 개체를 우클릭하면 간단한 세팅을 할 수 있는 미니 메뉴가 나타납니다.

02 표 테두리선 변경하기

표의 주인공은 셀 안의 데이터와 정보입니다. 그런데 테두리선이 너무 뚜렷하면 셀 내용이 부각되지 않습니다. 테두리선의 색상을 옅게 하고 두께는 얇게 할수록 셀 내부 내용의 가독성이 높아집니다.

❶ 표 디자인의 첫 걸음은 세팅이 적용될 범위를 지정하는 것입니다. 이번에는 전체 테두리를 변경하기 위해 표 안쪽을 드래그하여 셀을 전부 선택합니다.

구분	2018	2019
A	10,000	12,000
B	4,340	1,967
C	6,327	9,643

❷ 리본 메뉴 [디자인] 탭의 '테두리 그리기' 그룹에 있는 [펜 색]을 클릭한 후 연회색([검정, 텍스트 1, 50% 더 밝게])을 선택합니다.

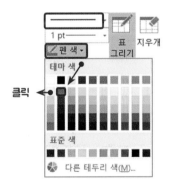

❸ [펜 색] 아이콘 바로 위에서 [선 굵기]를 조정할 수 있습니다. '0.5 pt'를 선택하세요.
※ [선 굵기] 바로 위 드롭다운 메뉴를 클릭해 선 모양을 변경할 수 있습니다.

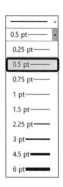

❹ 리본 메뉴 [디자인] 탭 중앙을 보면 [테두리] 아이콘이 보입니다. 기능 이름 옆 작은 화살표를 클릭합니다. ❷~❸단계에서 설정한 선 스타일을 적용할 테두리 위치를 지정할 수 있습니다.

❺ '모든 테두리'를 선택합니다. ❶단계에서 선택한 범위의 모든 테두리에 연한 회색, 0.5pt 선이 그려집니다.

구분	2018	2019
A	10,000	12,000
B	4,340	1,967
C	6,327	9,643

▲ 모든 테두리에 선 적용 결과

▲ 적용 테두리 선택(좌우 테두리 삭제)

⑥ 표의 좌/우 테두리선을 지우기 위해 다시 ❹단계와 같이 [테두리] 옆 작은 화살표를 클릭합니다.

구분	2018	2019
A	10,000	12,000
B	4,340	1,967
C	6,327	9,643

▲ 좌우 테두리 삭제 결과

⑦ 현재 선이 그려진 위치가 표시되어 있습니다. 이 중 '왼쪽 테두리'와 '오른쪽 테두리'를 각각 클릭하면 표시가 해제되며 해당 위치의 선이 지워집니다.

03 표 음영 색상 설정하기

표의 상단 첫 가로줄과 왼쪽 첫 세로줄에는 셀에 들어갈 데이터의 성격을 정의해주는 항목 이름이 들어갑니다. 해당 셀에는 음영 색상을 넣어 일반 데이터 셀과 구분해주는 것이 좋습니다.

❶ 표의 상단 첫 줄을 드래그하여 음영을 넣을 범위를 지정합니다.

구분	2018	2019
A	10,000	12,000
B	4,340	1,967
C	6,327	9,643

▲ 표 음영색 적용 범위 지정

❷ 리본 메뉴 [디자인] 탭을 클릭합니다.

❸ [음영] 아이콘 옆 작은 화살표를 클릭하면 색상표가 나타납니다. 셀에 적용하기 원하는 색상을 선택합니다.

(예제 색상: [파랑, 강조5, 80% 더 밝게])

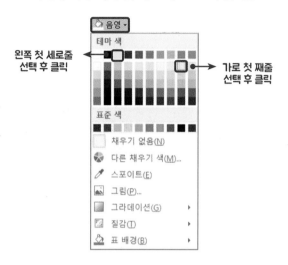

❹ 지정한 셀에 선택한 색상이 적용됩니다.

❺ ❶~❹단계 방법으로 왼쪽 첫 세로줄에도 색상을 적용해봅니다.

(예제 색상: [밝은회색, 배경 2])

구분	2018	2019
A	10,000	12,000
B	4,340	1,967
C	6,327	9,643

04 셀 내부 텍스트 위치 정렬하기

표 개체를 삽입하면 셀 내부의 텍스트 위치는 기본적으로 '위쪽 맞춤(세로)'과 '왼쪽 맞춤(가로)'으로 세팅되어 있습니다. 그런데 이렇게 셀 내부 텍스트가 한쪽으로 치우쳐져 테두리선과 붙어 있으면 '정리되지 않았다'는 느낌을 줍니다. 표 디자인의 완성도와 가독성을 높이기 위해 텍스트 위치를 정렬합니다.

❶ 셀을 드래그하여 텍스트 정렬 위치를 조정할 영역을 선택합니다.

구분	2018	2019
A	10,000	12,000
B	4,340	1,967
C	6,327	9,643

❷ 리본 메뉴 [레이아웃] 탭을 클릭합니다.

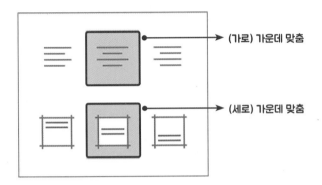

❸ '맞춤' 그룹에서 [세로 가운데 맞춤]을 클릭합니다.
❹ '맞춤' 그룹에서 셀 내용의 성격에 따라 텍스트의 가로 위치를 정렬합니다.

구분	2018	2019
A	10,000	12,000
B	4,340	1,967
C	6,327	9,643

▲ 셀 내 데이터 정리 결과

셀 내용 별 정렬 포맷 추천

– 왼쪽 맞춤(Ctrl + L): 셀 내부 텍스트가 길고 양이 많을 경우
– 가운데 맞춤(Ctrl + E): 텍스트가 짧거나 키워드 단어인 경우
– 오른쪽 맞춤(Ctrl + R): 숫자 데이터인 경우(천 단위 표시 통한 비교 용이)

구분	왼쪽 맞춤	가운데 맞춤	오른쪽 맞춤
긴 텍스트	넘버링, 글머리 기호 등을 통해 줄바꿈하는 긴 텍스트의 경우, 왼쪽 맞춤이 적합합니다		
키워드		키워드, 2줄 이내 짧은 문장은 가운데 맞춤이 적합합니다	
숫자			천 단위(,) 비교가 쉽도록 숫자는 오른쪽 맞춤합니다 예시 11,070 126,756 3,298

▲ 표 내 텍스트 맞춤 예시

05 셀 내부 여백 설정하기

셀 내부에 테두리 선과 데이터 간의 간격, 즉 여백을 조정할 수 있습니다. 숫자 표현을 위해 오른쪽 정렬을 하는 상황을 가정해봅시다. 데이터가 테두리 선에 너무 가까이 붙으면 답답한 느낌을 줍니다. 이때 '오른쪽 여백'을 적당히 설정해주면 보다 자연스럽고 데이터가 눈에 잘 띄게 됩니다.

❶ 여백을 조정할 셀을 드래그하여 선택합니다.

구분	2018	2019
A	10,000	12,000
B	4,340	1,967
C	6,327	9,643

▲ 셀 여백 설정 적용 범위 지정

❷ 선택한 셀을 우클릭한 후 [도형 서식]을 선택합니다.

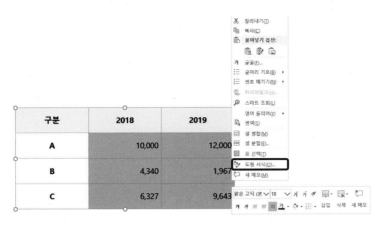

▲ 표 개체 우클릭하여 도형 서식 열기

❸ [도형 서식] 메뉴에서 [크기 및 속성] 항목의 [텍스트 상자] 옵션을 선택합니다.

❹ [오른쪽 여백]에 적절한 수치 값을 입력해줍니다.

❺ 원하는 모양에 따라 [왼쪽/오른쪽/위쪽/아래쪽 여백]의 수치를 조정합니다.

구분	2018	2019
A	10,000	12,000
B	4,340	1,967
C	6,327	9,643

▲ 셀 여백 설정 적용 전

구분	2018	2019
A	10,000 ⟷	12,000 ⟷
B	4,340 ⟷	1,967 ⟷
C	6,327 ⟷	9,643 ⟷

▲ 셀 여백 설정 적용 후

각 셀의 텍스트 종류, 색상, 크기, 스타일 등은 리본 메뉴 [홈] 탭의 '글꼴' 그룹에서 조정할 수 있습니다. 함께 실습해본 테두리 선, 셀 음영색, 텍스트 위치 정렬과 여백 조정 기능 정도만 알면 내가 그리고 싶은 표를 쉽게 만들 수 있습니다.

02 표 디자인 팁

어떠한 가공도 되지 않은 데이터 더미를 로우 데이터(Raw Data)라고 합니다. 로우 데이터는 마치 광산과 같습니다. 그 안에 인사이트가 있기는 한데 광산의 금맥처럼 찾아내야 하고 발굴해야 합니다.

표는 가로축과 세로축의 교차를 통해 규칙을 부여해 정보를 체계적으로 정렬해서 보여주는 데 유용한 도구입니다. 하지만 정보 양이 많으면 로우 데이터를 셀 안에 분류해 넣는 정도의 가공으로는 메시지가 제대로 전달되지 않습니다. 표를 보는 이는 이렇게 말할 것입니다. "그래서 뭘 말하고 싶은데? 나한테 뭐를 보라는거야?"

PPT를 통해 전하고자 하는 메시지를 빠르게 캐치할 수 있도록 돕는 것이 디자인의 주된 역할입니다. 이를 위해 핵심 메시지를 다듬고, 시선의 흐름을 설계하고, 주목해야 할 부분을 강조해야 합니다.

이는 표도 마찬가지입니다. 같은 데이터에 기반하더라도 몇 가지 디자인 요소를 적용함으로써 전달력의 차이를 만들 수 있습니다. 표의 가독성을 개선하기 위해 염두에 둬야 할 디자인 원칙을 소개합니다.

[가독성 높은 표 디자인 원칙]

가독성이 낮은 원본 데이터

구분	1월	2월	3월	4월	5월	6월	7월	8월	9월	10월	11월	12월
임원	52	52	49	50	50	50	51	51	52	52	52	53
부장	105	105	100	101	99	101	101	101	103	103	100	95
차장	126	126	108	105	99	102	101	97	96	90	88	84
과장	140	141	132	132	135	136	136	136	137	133	132	135
대리	218	212	207	209	209	211	211	208	205	204	206	210
사원	250	248	213	212	214	217	218	221	224	223	227	229
합계	891	884	809	809	806	817	818	814	817	805	805	806

❶ 텍스트는 뚜렷하게, 테두리 선은 옅어야 내용이 눈에 들어옵니다.

텍스트는 뚜렷하게, 선은 얇고 옅게

구분	1월	2월	3월	4월	5월	6월	7월	8월	9월	10월	11월	12월
임원	52	52	49	50	50	50	51	51	52	52	52	53
부장	105	105	100	101	99	101	101	101	103	103	100	95
차장	126	126	108	105	99	102	101	97	96	90	88	84
과장	140	141	132	132	135	136	136	136	137	133	132	135
대리	218	212	207	209	209	211	211	208	205	204	206	210
사원	250	248	213	212	214	217	218	221	224	223	227	229
합계	891	884	809	809	806	817	818	814	817	805	805	806

❷ 셀 내부 음영색을 달리 하여 머리글(가로 첫 줄)과 항목명(세로 왼쪽 첫 줄), 본문의 역할을 구분하세요.

음영색을 달리하여 셀의 성격 구분

구분	1월	2월	3월	4월	5월	6월	7월	8월	9월	10월	11월	12월
임원	52	52	49	50	50	50	51	51	52	52	52	53
부장	105	105	100	101	99	101	101	101	103	103	100	95
차장	126	126	108	105	99	102	101	97	96	90	88	84
과장	140	141	132	132	135	136	136	136	137	133	132	135
대리	218	212	207	209	209	211	211	208	205	204	206	210
사원	250	248	213	212	214	217	218	221	224	223	227	229
합계	891	884	809	809	806	817	818	814	817	805	805	806

❸ 셀의 역할과 기능을 고려하여 텍스트 위치를 정렬해주세요. 텍스트가 테두리 선에 지나치게 가깝게 붙어있으면 답답해 보입니다.
 - 글머리/항목명: 가운데 정렬
 - 키워드형 본문: 가운데 정렬
 - 문장형/3줄 이상 나열식 본문: 왼쪽 정렬
 - 숫자 데이터 본문: 오른쪽 정렬

셀의 역할과 기능을 고려해 텍스트 위치 정렬

구분	1월	2월	3월	4월	5월	6월	7월	8월	9월	10월	11월	12월
임원	52	52	49	50	50	50	51	51	52	52	52	53
부장	105	105	100	101	99	101	101	101	103	103	100	95
차장	126	126	108	105	99	102	101	97	96	90	88	84
과장	140	141	132	132	135	136	136	136	137	133	132	135
대리	218	212	207	209	209	211	211	208	205	204	206	210
사원	250	248	213	212	214	217	218	221	224	223	227	229
합계	891	884	809	809	806	817	818	814	817	805	805	806

❹ 독자가 꼭 봐야 하는 부분, 핵심 메시지가 담긴 영역을 테두리 선 색상과 굵기, 음영, 텍스트 볼드체 등을 통해 강조해주세요.

가장 중요한 부분을 강조하세요

구분	1월	2월	3월	4월	5월	6월	7월	8월	9월	10월	11월	12월
임원	52	52	49	50	50	50	51	51	52	52	52	53
부장	105	105	100	101	99	101	101	101	103	103	100	95
차장	**126**	**126**	**108**	**105**	**99**	**102**	**101**	**97**	**96**	**90**	**88**	**84**
과장	140	141	132	132	135	136	136	136	137	133	132	135
대리	218	212	207	209	209	211	211	208	205	204	206	210
사원	250	248	213	212	214	217	218	221	224	223	227	229
합계	891	884	809	809	806	817	818	814	817	805	805	806

POWERPOINT

차트

숫자 데이터에 이미지의 힘을 더해주는 '차트'

차트란 숫자 데이터를 직관적으로 비교하고 이해하기 쉽도록 시각화한 그래프를 말합니다. 숫자만 나열되어 있을 때는 데이터가 담고 있는 함의점과 그것을 통해 전달하려는 메시지를 파악하기 어렵습니다. 반면 차트화를 하면 숫자 데이터가 가진 경향성과 관계성이 도해 형태로 표현됩니다. 불필요한 정보가 축약되고 핵심이 되는 부분은 강조됩니다. 작성자의 의도가 부각되어 전달하려는 내용이 눈에 띄게 됩니다.

방대한 숫자 데이터는 신뢰를 줍니다. 하지만 정보를 해석하고 수용하는데 있어 텍스트보다 더 많은 시간과 노력을 요합니다. 문제는 보통의 경우, 보고서 PPT를 읽는 상사든, 프레젠테이션을 보는 청자든 충분한 관심을 기울이지 않는다는 것입니다. 자연히 전달력이 낮아질 수밖에 없습니다. 이때 적절한 차트 사용은 숫자 데이터의 장점에 '이미지의 힘'이 더해질 수 있도록 해줍니다.

해석의 노력을 기울이기 전에 정보를 인지시키고 메시지가 흡수되도록 하는 이미지의 '직관성'과 숫자 데이터 특유의 '신뢰성'이라는 두 장점을 가진 차트 개체는 PPT의 '결정적 한 방' 역할을 해줍니다.

구분	진학률	취업률
2008	72.9	19.0
2011	63.7	23.4
2014	37.6	45.0
2017	32.4	50.4

VS

▲ 데이터와 차트 비교

파워포인트는 다양한 형태의 기본 차트 템플릿을 제공하고 있습니다. 하지만 내가 원하는 모양으로 차트를 세팅하는 건 쉽지 않습니다. 세부 설정 방법이 복잡하기도 하거니와 위치나 크기 변환 등 개체 조작 방법이 다른 개체들만큼 편리하지 않기 때문입니다.

그래서 목적과 용도에 따라 파워포인트의 [차트] 삽입 기능이 아닌 도형과 텍스트 상자를 이용해 차트를 '그리기'도 합니다. 꼭 [차트] 기능으로 차트를 만들지 않아도 된다는 것입니다. 차트로 제시하는 자료를 빈번히 수정할 필요가 없거나 차트의 그래픽 요소를 부각하는 것이 더 중요한 경우가 대표적입니다.

다만, 보통 직장인이 만드는 실무 PPT에서는 한 번 차트를 만드는 것으로 업무가 끝나지 않습니다. 차트 형태는 크게 변하지 않더라도 세부 데이터는 매번 변하고, 그때마다 이를 반영해줘야 하는 경우가 많습니다. 이런 상황에서라면 도형으로 그리기보다 파워포인트의 차트 기능을 활용하는 것이 낫습니다.

차트를 잘 활용하려면 크게 두 가지가 필요합니다. 먼저, 차트 개체 자체를 다룰 수 있도록 파워포인트의 기능적인 측면을 알아야 합니다. 그리고 데이터와 메시지를 효과적으로 표현하기 위해 차트 종류와 디자인에 대한 이해를 가지고 있어야 합니다. 이번 장에서는 차트 개체를 다루는 데 필요한 주요 기능들을 살펴본 후, 차트의 전달력을 높이는 디자인 포인트를 알아보겠습니다.

02 차트 개체 세팅하기

01 차트 삽입과 편집할 구성 요소 선택하기

다른 여느 개체와 마찬가지로 차트 개체도 리본 메뉴 [삽입] 탭에서 생성할 수 있습니다. [삽입] 탭의 [차트] 아이콘을 클릭하여 기본 차트 템플릿 창을 불러온 후, 원하는 스타일을 선택합니다. 그러면 차트가 삽입되고 숫자 데이터를 편집할 수 있는 엑셀 창이 나타납니다. 항목명, 계열명, 셀 안의 숫자 데이터를 변경하면 차트 모양에 자동으로 반영됩니다.

경 로

• [삽입] 탭 → [차트] → [차트 템플릿 선택] → 차트화할 숫자 데이터 입력

마치 그룹화한 개체처럼 차트는 축, 그리드 선, 데이터 레이블, 범례 등 각종 구성 요소의 묶음으로 이뤄져있습니다. 그룹화 해제는 안 되지만 차트 개체의 특정 부분을 클릭하여 세부 구성 요소를 선택할 수 있다는 점도 동일합니다. 한 번 클릭하면 같은 속성을 지닌 구성 요소가 전부 선택되고, 한 번 더 클릭하면 해당 요소만 선택하여 설정을 변경할 수 있습니다.

❶ 파란색으로 칠해진 '계열 1' 막대 하나를 클릭하면 나머지 항목의 파란 막대가 모두 선택됩니다.

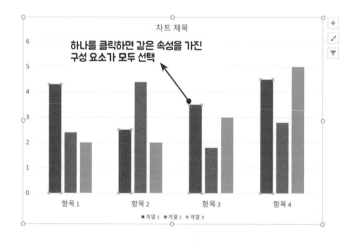

❷ 특정 막대를 한 번 더 클릭하면 바로 그 요소만 선택됩니다.

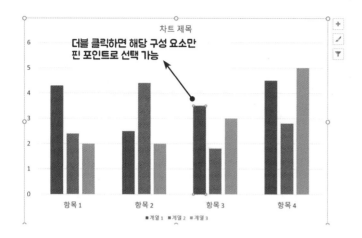

이 밖에 차트 개체의 모든 구성 요소 목록을 보고 선택하는 방법도 있습니다. 차트 개체를 클릭한 후 리본 메뉴 [서식] 탭의 맨 왼쪽에 위치한 [현재 선택 영역]의 드롭다운 목록을 클릭해보세요. 차트 구성 요소들이 나열됩니다. 이 중 하나를 클릭하면 차트에서 해당 구성 요소가 모두 선택됩니다.

차트 디자인은 '① 세팅하길 원하는 요소를 선별'해 택한 이후 '② 해당 영역에 색상, 패턴, 윤곽선 등의 서식을 지정'하는 방식으로 이뤄지게 됩니다.

02 차트 구성 요소 추가/제거

▲ 차트 요소 추가 아이콘

차트 개체를 이루는 구성 요소는 차트 개체를 선택한 후 리본 메뉴 [디자인] 탭의 [차트 요소 추가] 아이콘을 클릭하여 추가/제거할 수 있습니다. 이때 선택할 수 있는 구성 요소는 차트 종류에 따라 달라집니다. 여기서는 주로 사용하는 차트 유형인 '원형 차트, 막대 차트, 꺾은선 차트'의 구성 요소를 중심으로 설명하겠습니다.

▲ 차트 요소 추가 옵션

❶ 축
- 기본 가로: x축에 나열된 '항목 이름'이 나타납니다.
- 기본 세로: y축에 나열된 '데이터 수치'가 나타납니다.

❷ 축 제목
- 기본 가로: x축의 제목을 입력할 수 있습니다.
- 기본 세로: y축의 제목을 입력할 수 있습니다.

❸ 차트 제목
차트 개체의 이름을 표시할 수 있습니다. 차트 개체 크기 범위 안에서 차트 제목 요소를 드래그하여 위치를 조정할 수 있습니다.

❹ 데이터 레이블(A형)
차트의 정확한 데이터 값을 차트에 직접적으로 나타낼 수 있습니다. 또한 표시 위치도 지정 가능합니다.

⑤ 데이터 레이블(B형)

데이터 값을 차트 위에 직접적으로 나타내는 것이 아니라 별도의 표를 생성해 표시합니다.

 ⑥ 오차 막대

차트로 그린 데이터 값의 오차 범위를 표현해줍니다. 오차 범위 유형은 고정값, 백분율, 표준 편차 중 선택 가능합니다.

 ⑦ 눈금선

차트의 배경에 위치하여 가이드라인 역할을 해주는 눈금선을 표시합니다. 눈금선의 방향은 가로, 세로 중 선택 가능하며 단위는 주 눈금과 보조 눈금 중 택할 수 있습니다.

 ⑧ 범례

항목과 계열의 색상, 제목 등을 안내하는 범례를 표시하고 위치를 지정할 수 있습니다.

 ⑨ 추세선

데이터의 변동 패턴을 나타내는 선을 표시할 수 있습니다.

 ⑩ 선

– 하강선: 선 차트에서 항목별 최고값과 x축을 선으로 이어줍니다.

– 최고값/최저값 연결선: 선 차트에서 항목별 최고값과 최저값을 선으로 이어줍니다.

 ⑪ 양선/음선

두 계열 값을 비교해 A가 B보다 낮은 부분은 '음선'으로 높은 부분은 '양선'으로 표시해줍니다.

차트 구성 요소 쉽게 삭제하기

1) 차트 개체에서 삭제하고자 하는 구성 요소를 클릭하세요. 한 번 클릭하면 같은 종류의 요소가 전부 선택되고, 한 번 더 클릭하면 해당 요소만 지정됩니다.

2) 키보드에서 Delete 키 또는 Backspace 키를 누르면 해당 요소가 삭제됩니다.

3) 삭제한 구성 요소를 다시 추가하려면 리본 메뉴 [디자인] 탭의 [차트 요소 추가]를 클릭합니다.

차트를 삽입하고 구성 요소를 세팅했다면 다음은 각 구성 요소의 스타일을 디자인할 차례입니다. 파워포인트는 차트 디자인을 위한 다양한 구성 요소를 제공합니다. 그런데 이 구성 요소들을 전부 표시하는 것이 좋을까요? 차트 제목, 축 제목 다 넣고…눈금선에 레이블, 범례까지 다 넣는 것입니다. 이렇게 하면 여러 가지 정보를 제공하는 '친절한 차트'라고 할 수 있을까요? 절대 그렇지 않습니다.

쓸데없는 정보까지 미주알고주알 나열하는 것은 TMI(Too Much Information)일 뿐입니다. 군더더기를 덜어낼수록 반드시 전달해야 할 메시지가 선명해집니다. '필요 없는 요소는 전부 덜어낸다'를 차트 디자인의 제1원칙으로 삼길 바랍니다. 그럼 이것을 기억하며 구성 요소 세부 설정 방법을 알아봅시다.

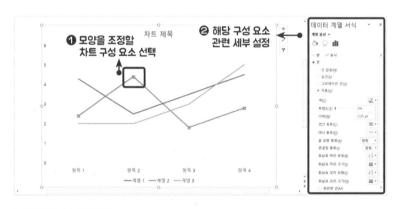

▲ 차트 구성 요소 세부 설정

❶ 차트 개체를 클릭합니다.
❷ 리본 메뉴 [서식] 탭을 클릭합니다.
❸ 하위 메뉴 맨 왼쪽에 위치한 [선택 영역 서식]을 클릭합니다. 작업화면 오른쪽에 클릭한 차트 구성 요소의 세부 설정을 조정할 수 있는 '서식 창'이 열립니다.
❹ 모양을 조정할 차트 구성 요소를 클릭한 후 '서식 창'의 옵션을 조정합니다.

T I P

차트 종류 변경하기

1) 차트 개체를 선택한 후 리본 메뉴 [디자인] 탭을 클릭합니다.
2) [차트 종류 변경] 아이콘을 클릭합니다.
3) 파워포인트 기본 차트 템플릿 목록이 나타납니다. 원하는 차트 스타일을 선택합니다.

　파워포인트에서 차트 기능을 제공함에도 불구하고 도형과 텍스트 상자를 이용해 차트 모양을 그리는 경우가 있습니다. 차트 개체에서는 구성 요소를 추가, 제거하거나 위치를 변경함에 따라 전체적인 차트 모양이 틀어지기 때문입니다. 크기 변경이 자유롭지 않고 구성 요소 위치도 차트 개체 크기에 따라 제약을 받는 등 표현상의 불편함이 있습니다.

　그럼에도 불구하고 데이터를 수시로 업데이트해야 할 경우 차트 개체 활용이 불가피합니다. 이때 차트 개체는 기본 뼈대 정도(가로 막대, 세로 막대, 선 등)만 세팅해두고 범례, 데이터 레이블, 데이터 값 등 추가로 넣어야 하는 정보는 별도 개체를 삽입하는 방법이 더 편리할 수 있습니다. 다양하게 시도해보며 나에게 최적화된 작업 방식을 찾아보기 바랍니다.

03 차트 디자인의 시작, 메시지

01 차트 디자인 프로세스

차트는 숫자 데이터를 시각화하는 도구입니다. 하지만 단순히 '데이터를 보여준다'는 데 머무는 것이 아니라 '메시지를 전달한다'는 관점을 가져야 합니다. 프레젠테이션은 설득의 과정입니다. PPT는 이를 위한 무기입니다. 차트는 PPT라는 무기의 주요 재료로서 프레젠테이션의 목적과 목표를 달성하는 데 기여해야 합니다. 즉, PPT의 논리 흐름을 뒷받침하고, 때로는 쐐기를 박는 역할을 해야 합니다.

그런데 막상 데이터를 모아 차트를 만들려면 시작부터 막힙니다. 어떤 모양의 차트를 그려야할지 감이 안 잡히는 것입니다. 그러다보니 데이터의 속성과 메시지 내용을 고려하지 않고 익숙한 차트 모양을 선택합니다. 여기에 3D 효과, 그림자 등 '좋아 보이는' 장식을 추가하다 보면 어느새 차트 본연의 기능은 반감되어 버립니다. '차트가 좋다니 쓰기는 했다'는 의의만 남습니다.

'어떤 모양의 차트를 그려야 하나'에 대한 답은 기획자가 차트를 통해 전달하려는 메시지에서 찾을 수 있습니다. 데이터를 모아 분석하고 메시시가 정리되면 일종의 공식에 따라 적절한 차트 모양을 선택할 수 있습니다.

▲ 차트 제작 과정

메시지를 전달해주는 차트를 효율적으로 만들기 위해 4단계 프로세스를 거치길 권장합니다. 먼저 차트의 원재료가 될 자료 조사와 데이터를 모읍니다. 다음으로 이를 분석하여 차트를 통해 표현할 메시지를 결정합니다. 그 다음, 메시지의 형태를 고려하여 적합한 차트 스타일을 택합니다. 마지막으로 파워포인트에 차트를 그리고 세부 디자인을 적용합니다.

02 차트의 재료, 데이터 모으기

차트 만들기를 요리에 비유한다면 데이터는 식재료와 같습니다. 최상의 요리를 위해 고품질 식재료가 필요하듯, 효과적인 차트를 만들기 위해 좋은 데이터가 필요합니다. 그렇다면 고품질 데이터의 요건은 무엇일까요?

1. 신뢰성

좋은 식자재는 재배자와 산지가 분명하고 때로는 브랜드까지 부여되어 품질을 보증합니다. 마찬가지로, 데이터의 출처가 명확하고 믿을 수 있어야 합니다. 국가통계포털에서 제공하는 데이터와 학생들이 팀플하며 모은 설문 자료를 비교해 생각해보세요. 어느 쪽에 신뢰가 갈지는 자명합니다.

2. 최신성

햇곡식이 더 맛있는 것처럼 데이터도 최신 생산된 자료일수록 좋습니다. 10년이면 강산이 변한다는 말이 무색할 정도로 변화가 빠른 요즘입니다. 불과 2~3년만 넘어가도 경향성이 바뀌는 경우가 많습니다. 이런 때에 4~5년 전 데이터를 근거로 제시한다면 설득력이 반감될 수밖에 없습니다.

3. 정확성

소금이 달고, 고춧가루가 짜고, 과일이 비리다면 제대로 된 맛을 낼 수 없을 것입니다. 식재료는 본연의 맛을 정확히 표현해야 합니다. 데이터도 그렇습니다. 내가 해당 자료를 통해 말하고자 하는 바를 입증할 수 있도록 연관성은 있고 오차는 최소화된 데이터여야 합니다.

대표적인 데이터 출처

차트의 핵심은 양질의 데이터입니다. 분명하고 권위있는 출처, 일관성, 맥락과 양을 고려하세요.

1) 사내에 축적된 자료
2) 관련 산업/직무 관련 협회 및 커뮤니티
3) KOSIS 국가통계포털 / e-나라지표
4) DART 전자공시 시스템 / 코참비즈 / IR 리포트
5) KISS / RISS 등

03 데이터 해석과 메시지 결정

가공되지 않은 데이터(Raw Data) 안에는 딱 한 가지의 '정답'만 있는 것이 아닙니다. 데이터의 어느 부분을 보는가, 어떤 관점으로 해석하느냐에 따라 다양한 해석을 할 수 있습니다. 이때 보고픈 면만 보며 자의적으로 해석하고 넘어가면 안 됩니다.

그러니 양질의 데이터를 구한 것으로 일이 끝나지 않습니다. 데이터를 분석하여 기존에 세운 가설과 논리를 반박하거나 달리 해석할 수 있는 부분은 없는지 찾아봐야 합니다. 그리고 데이터가 말해주는 다양한 측면 중 어느 부분에 포커스를 맞출지 결정할 필요가 있습니다.

㈜OOO 상품별 매출액				(단위: 억 원)
	A 제품	B 제품	C 제품	합계
8월	68	16	7	91
9월	73	20	12	105
10월	87	26	12	125
11월	95	29	6	130
12월	122	31	3	156

예시 데이터에서 어떤 함의점을 발견할 수 있을까요?

㈜OOO 상품별 매출액				(단위: 억 원)
	A 제품	B 제품	C 제품	합계
8월	68	16	7	91
9월	73	20	12	105
10월	87	26	12	125
11월	95	29	6	130
12월	122	31	3	156 ❷
			❸	❶

❶ 전체 제품의 총매출액은 점점 증가하고 있다.
　　→ "우리 회사는 꾸준히 성장하고 있습니다."
❷ 12월에 가장 높은 매출을 올렸으며 그 중 A제품 매출 비중이 가장 크다.
　　→ "A제품에 마케팅 역량을 집중해야 합니다."

❸ C제품은 꾸준히 매출이 상승한 A, B와 달리 매출 변화가 크고 기여도가 가장 낮다.

　　→ "C제품의 수명이 끝났으니 리소스를 A와 B제품에 돌려야 합니다." 또는 "C제품의 매출 하락 원인을 분석하고 대안을 찾아보겠습니다.'

간단한 데이터이지만 이렇게 여러 측면으로 해석해볼 수 있습니다. 자료를 통해 말하고자 하는 메시지 유형과 강조하려는 요점에 따라 적합한 차트 스타일이 달라집니다. 따라서 데이터를 기반으로 내가 전달하고자 하는 바를 1~2줄로 명확히 적어보길 권합니다.

04 차트로 표현하기 좋은 4가지 메시지 유형

차트를 그리기에 앞서 말하고자 하는 바를 명확히 하라는 이유는 메시지마다 궁합이 맞는 차트가 있기 때문입니다. 데이터 꾸러미를 보며 '어떤 차트를 쓰지?' 고민하기보다 '이 차트를 통해 내가 말하려는 바는 A 유형이니 A형 차트를 쓰자'라 생각하는 편이 차트 디자인의 실마리를 찾는 데 보다 효율적입니다.

숫자 데이터의 비교를 표현하는 차트 개체로 표현하기 좋은 메시지 형태는 크게 4가지로 볼 수 있습니다.

❶ 비율: 백분율로 구성비를 비교할 때

첫 번째 유형은 데이터 구성 요소의 '비율(%)'을 비교하는 메시지입니다. 데이터에서 뽑아낸 메시지에 다음과 같은 키워드가 있다면 '비율 형'을 고려해봅시다.

> [키워드: 비율(%)]
> – "전체의 백분율은~"
> – "전체에서 ~를 차지하는"
> – "00%를 해당하는"
>
> [예시]
> – "2018년 발효유 시장에서 A제품의 점유율은 12.9%였다."
> – "직장인 절반 이상이 사무실에서 피로를 느낄 때 카페인 섭취와 가벼운 스트레칭 등으로 해결한다."

❷ 순위: 항목 간 수치상 우열이 있거나 배열 순서가 중요할 때

데이터 항목 값의 많고 적음, 순위 등을 비교하는 메시지입니다. 키워드는 다음과 같습니다.

[키워드: 비교, 우열]

– "～보다 많은/적은"

– "～와 동등한"

– "(순위, 등수)00위"

[예시]

– '18년 4분기 기준 온라인 쇼핑몰 모바일 앱 이용자 수는 A업체가 1위로 집계됐다.

– 게임 업계 상위 3개사의 이직률은 거의 같다.

❸ 시간 흐름: 데이터 변화 추세를 보여주고 싶을 때
시간이 지남에 따라 데이터가 변하는 추이를 나타내는 메시지입니다.

[키워드: 시간, 추세]

– "변화하다"

– "성장하다/쇠퇴하다"

– "상승하다/하락하다"

– "증가하다/감소하다"

– "변동하다/정체하다"

– "～이후에"

– "n년 동안"

– "～(기간)에 걸쳐"

[예시]

– "국내 해외직구 이용 횟수는 00년 이후 3년에 걸쳐 꾸준히 증가했다."

– "N 사이트 월별 방문자 수는 00년 0월 이래 계속해서 하락세에 있다."

❹ 상관 관계: 변수 사이의 관계를 나타내고 싶을 때
데이터에 영향을 미치는 두 변수 간의 관계를 보여주는 메시지입니다.

[키워드: 관계, 비례]

– "～한 관계가 있다/없다"

– "비례한다/반비례한다"

– "～에 따라 증가/감소한다"

– "～에 따라 변화한다"

[예시]
– "A사의 경우 부채 비율과 주가가 반비례하는 경향을 보이고 있다."
– "TV시청을 오래하는 아동일수록 청량음료 소비가 증가하는 경향을 보이고 있다."

데이터를 분석해 정리한 메시지가 위 4개 유형 중 어디에 속하는지 파악한 후 다음 장의 차트 유형을 참고하여 매칭해보기 바랍니다.

▲ 차트 유형 연동표

04 대표적인 차트 유형 소개

차트 종류는 무척 다양합니다. 파워포인트가 [차트] 기능을 통해 제공하는 기본 템플릿만해도 수십 가지입니다. 디자인하기에 따라 도해 만큼이나 폭 넓게 표현할 수 있습니다. 하지만 이 차트를 모두 사용하는 것은 아닙니다. 주로 사용하는 형태는 한정적입니다.

이번 장에서는 앞서 살펴본 차트화 가능한 메시지 유형과 연동되는 4가지 기본 차트 형태의 특징과 디자인 예시를 알아보겠습니다.

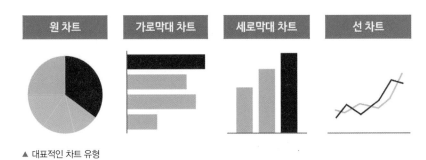

▲ 대표적인 차트 유형

01 원 차트: 구성 요소의 비율을 한 눈에 보여줄 때

원 차트는 '비율'을 표현하기에 가장 적합합니다. 데이터 전체에서 특정 항목이 차지하는 비율을 보여주려 할 때 유용합니다. 다만 그 외에는 용도가 제한적입니다.

차트화하려는 데이터를 '비율 메시지(%)'로 표현하고자 할 때 원 차트를 우선적으로 고려해보길 바랍니다.

1. 원 차트 디자인 주안점

❶ 원 차트를 표현할 때는 차트 구성 요소가 5개 이하인 것이 좋습니다. 공간이 좁아 많은 항목을 배치할 경우 텍스트를 넣기 어렵고 가독성이 낮아지기 때문입니다. 보여주고자 하는 주요 항목 외에는 '기타'로 통합하는 편이 낫습니다.

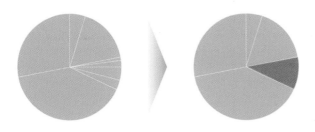

❷ 원 차트의 항목을 배치하는 방법은 두 가지입니다.
① 12시 정각 지점을 시작으로 크기에 따라 시계방향으로 배열합니다.
② 12시 정각 지점 오른쪽이 상석입니다. 가장 크거나 강조하려는 항목을 배치합니다. 두 번째 항목부터는 12시 정각 왼쪽부터 크기 순대로 반시계 방향으로 배열합니다.

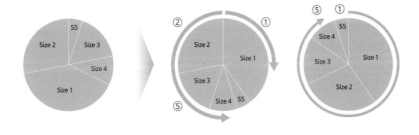

2. 원 차트 디자인 예시

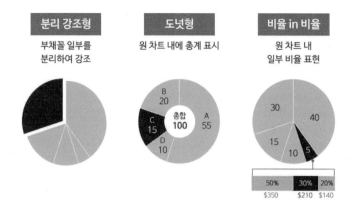

① 분리 강조형: 강조하려는 항목을 원 차트에서 분리해내 차별화한 형태입니다.

② 도넛형: 원 차트 가운데 차트 제목, 강조할 수치나 키워드, 합계 등을 기록하여 주목도를 높인 형태입니다.

③ 일부 항목 세부 비율 표현: 원 차트 내 특정 항목의 구성비를 표시할 때는 원차트 대신 막대 차트를 이용합니다. 원차트를 중복 배치 시 일어날 혼동을 예방하기 위해서입니다.

02 가로막대 차트: 항목 간의 순위를 강조할 때

가로막대 차트를 보는 청중이나 독자의 시선은 위에서 아래, 수직 방향으로 움직입니다. '1등부터 순서대로'. 익숙한 배열 아닌가요? 자연스럽게 위에서 아래라는 순서가 생기는 가로막대 차트는 항목 간의 배열 순서가 중요하거나 순위를 강조할 때 사용하기 좋습니다. 또한 가로로 넓은 PPT 문서의 특성상 항목명이나 상세 설명 등 텍스트를 길게 쓸 수 있다는 점도 가로막대 차트의 장점입니다.

1. 가로막대 차트 디자인 주안점

❶ 가로막대 차트 역시 데이터 항목은 5개 이하로 설정하는 것이 좋습니다. 부득이하게 이보
다 많은 항목을 제시해야 한다면 3~4개 단위로 가운데 선을 그어 구분지어주면 가독성이
높아집니다.

차트의 구성 요소는 5개 이하!
항목을 많이 둬야 한다면 선으로 구분해줄 것!

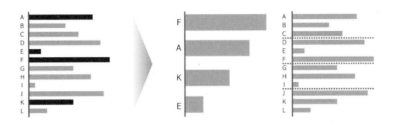

❷ 가로막대 차트를 제대로 활용하려면 구성 항목의 배열 순서를 고려해야 합니다. 데이터 값
의 순위에 따라 배열할 때는 높은 등급에서 낮은 등급으로 내려가도록 합니다. 시간 순서
로 배열할 때는 최신 항목을 최상단에 둡니다. 그리고 항목 명의 이니셜 순서로 나열할 때
는 ㄱㄴㄷ 순 또는 ABC 순으로 내려가도록 합니다.

순위 / 시간 / 문자 순서를 고려해 배열하라

❸ 가로막대 차트의 항목명은 막대 왼쪽 끝에 위치합니다. 수치는 오른쪽 끝에 둡니다.

척도와 그리드 선은 생략 / 항목명은 좌측 / 수치는 우측

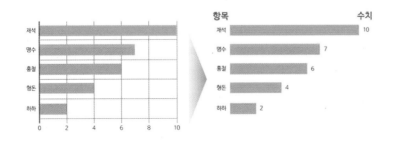

④ 가로막대로 음수를 표현할 때는 중앙 축을 기준으로 오른쪽이 정수(+) 영역, 왼쪽이 음수 (−) 영역입니다. 이때 중앙 축은 반드시 0값을 가집니다.

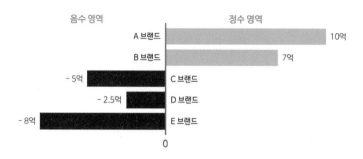

축을 기준선 0으로 활용 / 정수는 우측 / 음수는 좌측

2. 가로막대 차트 디자인 예시

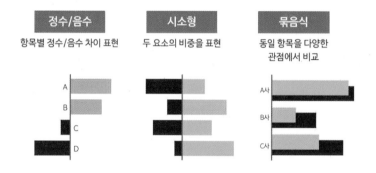

정수/음수	시소형	묶음식
항목별 정수/음수 차이 표현	두 요소의 비중을 표현	동일 항목을 다양한 관점에서 비교

① **정수/음수 표현**: 중앙 축을 0값으로 두고 음수는 왼쪽, 정수는 오른쪽으로 표현합니다.

② **시소형**: 두 개의 특성이 공존하는 한 데이터 항목의 크기를 표현할 때 사용합니다.
   (예 연령대별 A팀/B팀 지지율)

③ **묶음식**: 동일 항목의 다양한 관점, 특성, 하위 항목 수치를 비교할 때 사용합니다.
   (예 기업별 제품군 매출액 구성)

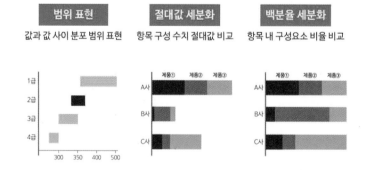

범위 표현	절대값 세분화	백분율 세분화
값과 값 사이 분포 범위 표현	항목 구성 수치 절대값 비교	항목 내 구성요소 비율 비교

④ **범위 표현:** 항목별 값 분포 범위를 표현할 때 사용합니다. (**예** 직급별 연봉 범위)

⑤ **절대값 세분화:** 한 항목을 구성하는 여러 종류의 데이터를 절대값으로 기재할 때 사용합니다. (**예** '19년 총매출액 구성: A제품, B제품, C제품… 등)

⑥ **백분율 세분화:** 한 항목을 100%의 백분율로 볼 때, 이를 구성하는 하위 요소의 비율을 나타낼 때 사용합니다. (**예** 브랜드별 시장점유율 변화)

03 세로막대 차트: 시간의 흐름과 변화를 나타낼 때

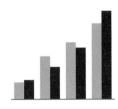

시선의 방향에 따라 좌에서 우로 전개되는 세로막대 차트는 '시간 추이 비교 메시지'를 표현하기에 적합합니다. 또한 위아래의 낙차를 표현할 수 있어 음수값을 강조하고자 할 때에도 유용하게 사용됩니다.

1. 세로막대 차트 디자인 주안점

0값 기준선 / 막대 너비는 간격의 두 배 / 같은 색상 막대 / 예상치는 옅게 표현

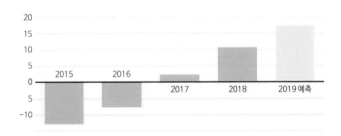

① 가로 기준선은 0값을 갖습니다.

② 막대의 너비는 막대 간 간격의 2배가량의 크기일 때 가장 안정적으로 보입니다.

❸ 항목 명을 표시하는 '범례'는 막대의 순서와 일치하며 차트 상단에 배치합니다.

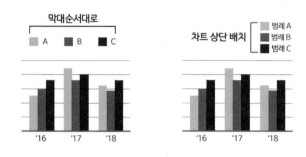

막대와 범례 순서 일치 / 범례는 차트 상단에 위치

2. 세로막대 차트 디자인 응용 예시

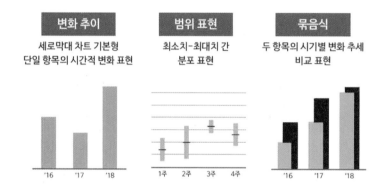

❶ 변화 추이: 가장 기본적인 형태입니다. 좌에서 우로 시간의 흐름에 따른 데이터 변화를 나타냅니다.

❷ 범위 표현: 항목별 데이터의 최대치~최소치 간의 분포를 표현합니다.
(예 O월 O째주 주가 변동)

❸ 묶음식: 각 시기별 항목 내 하위 요소의 변화 추세를 비교합니다.
(예 연도별 A, B제품군 매출액 비교)

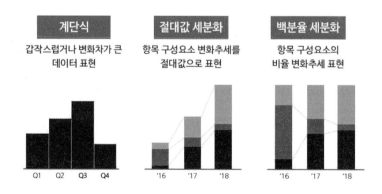

④ **계단식**: 막대 간 간격을 최소화한 형태입니다. 낙차가 큰 변화를 표현하기에 좋습니다.
(**예** 전분기 대비 4분기 판매량이 급락했다)

⑤ **절대값 세분화**: 항목 내 구성 요소의 변화 추세를 절대값으로 나타냅니다.
(**예** '19년 A사 총매출액은 00원이며 a사업부가 00원, b사업부가 00원, c사업부가 00원을
달성했다)

⑥ **백분율 세분화**: 항목 내 구성 요소의 비율 변화 추세를 나타냅니다.
(**예** '19년 A 산업군의 시장점유율은 a사가 00%(전년 00%), b사가 00%(전년 00%), c사
가 00%(전년 00%)입니다.)

`03` 선 차트: 연속적인 추세 변화나 x-y축의 관계성을 표현할 때

선 차트는 세로막대 차트보다 촘촘하고 연속적인 추세 변화나 x축과 y축의 상관관계를 표현
하는데 효과적입니다. 선 차트는 선의 기울기를 통해 메시지의 강도를 표현합니다. 따라서 경사
에 따른 왜곡이 생기지 않도록 주의해야 합니다.

1. 선 차트 디자인의 주안점

❶ 차트 안에 선이 너무 많으면 가독성이 낮아집니다. 가능한 4개 이하의 선만 남겨두고, 그
중에서도 강조하려는 선은 굵기와 색상을 차별화하는 것이 좋습니다.

차트 하나에 4개 이하 항목만 배치 / 강조하고자 하는 항목만 차별화

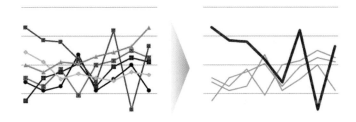

❷ 범례는 선이 끝나는 지점의 바로 옆에 두거나, 맨 우측 선의 위에서 아래 순서로 배열하는 것이 좋습니다.

범례는 빠르게 파악할 수 있도록 오른쪽 선 끝 바로 옆에 배열

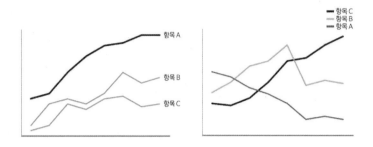

2. 선 차트 디자인 응용 예시

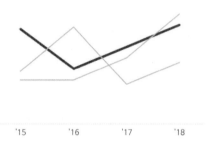

❶ 핵심 데이터 강조형: 주목시키려는 선의 색상과 굵기를 차별화합니다.

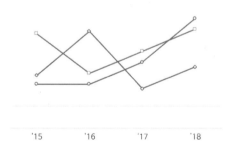

❷ 데이터 나열형: 특정한 선을 강조하려 하지 않을 때는 색상과 굵기를 동일하게 합니다. 단, 이때 선의 교차에 따른 혼동을 막기 위해 선의 꺾이는 지점에 불렛 포인트를 적용하셔도 좋습니다.

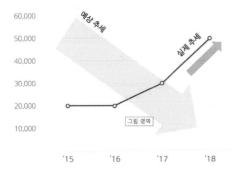

❸ 비례 관계 강조형: 차트 배경으로 기대하는 비례 추세를 화살표로 표시하여 예측과 실제의 경향성을 나타냅니다.

지금까지 차트로 표현 가능한 메시지 유형과 대표적인 차트 디자인 패턴을 소개해드렸습니다. 공식처럼 대입해보면 차트 모양에 대해 고민하는 수고가 조금은 덜어질 것입니다.

05 공통적인 차트 디자인 포인트

차트의 모양은 달라도 디자인의 공통 원리는 같습니다. 잘 디자인 된 차트는 세 가지 특징을 갖습니다. '가독성', '명료성', '이해 용이성'입니다.

잘 읽히는가?　　　중요한 것이 강조됐는가?　　　쉽게 이해되는가?

① **가독성**: 잘 읽히는가?
② **명료성**: 중요한 것이 강조됐는가?
③ **이해 용이성**: 쉽게 이해되는가?

차트는 방대한 숫자 데이터에 뿌리를 두고 있기 때문에 정보를 적절히 쳐내지 않으면 지저분해지기 쉽습니다. 눈에 띄게 하려고 비주얼화하는 것인데 여러 요소가 들어가 복잡해진다면 차트에게 기대하는 전달 효과는 낮아질 수밖에 없습니다. 따라서 차트를 디자인 할 때는 '필요한 것만 남기고 나머지는 버려라'는 원칙을 꼭 기억하고 적용하는 것이 중요합니다.

01 차트 디자인, 이것만은 기억하세요

❶ 차트를 통해 보여줄 구성 요소를 최소화합니다. 너무 많은 항목을 담으면 차트가 복잡해집니다.

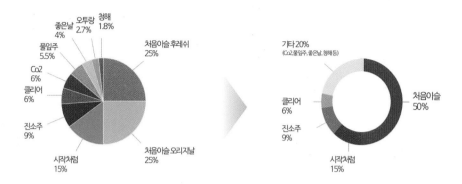

❷ 색상, 굵기, 명암 등을 통해 가장 중요한 항목만 강조합니다.

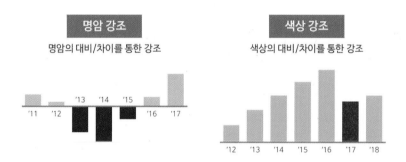

❸ 차트의 배경선 등 필수적이지 않은 디자인 요소는 옅게 하거나 생략합니다.

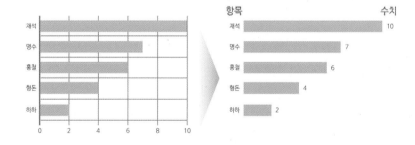

❹ 수치의 증가 단위를 5, 10, 100, 1,000 등 끝자리가 명확히 떨어지도록 해야 기준값을 인식하기 쉬워집니다.

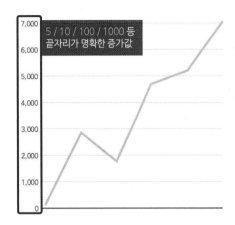

❺ 예상치는 점선 또는 투명도를 적용하여 구분합니다.

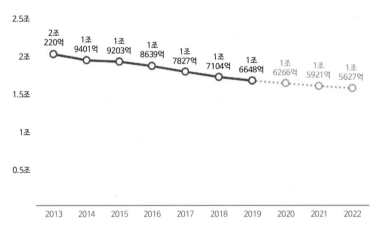

02 차트 디자인, 이것만은 피해주세요

❶ 3D 차트는 특정 부분을 입체적으로 부각시킴으로써 항목 간의 정확한 비교를 방해합니다.

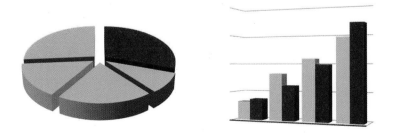

피해야 할 디자인: 3D 차트
차트의 면적이 바뀜에 따라 정보가 왜곡될 수 있음

❷ 막대 차트에 그림자를 적용할 경우, 그리드 선과 닿는 부분이 명확하지 않아 수치 해석에 혼란을 줄 수 있습니다.

피해야 할 디자인: 그림자
차트의 끝부분이 명확하지 않아 차트의 명료성을 저하함

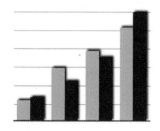 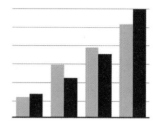

❸ 항목마다 알록달록한 색상이나 패턴을 적용할 경우 가독성이 현저히 낮아집니다. 모든 것을 강조하려다 아무 것도 강조하지 못하게 됩니다.

피해야 할 디자인: 알록달록/패턴
모든 것을 강조하는 것은 아무 것도 강조하지 않는 것

 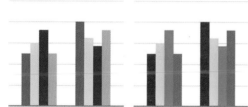

POWERPOINT

멀티미디어
(오디오, 영상)

01 프레젠테이션의 양념, 오디오

오디오 개체는 음악, 효과음 등을 말합니다. 프레젠테이션에 소리를 더해줍니다. 중요한 포인트를 강조하거나 순간적인 주목도를 높이기 위한 '양념' 정도로는 요긴하게 쓰일 수 있습니다.

하지만 오디오는 이미지나 영상만큼 보편적으로 사용되지는 않습니다. 이미지와 소리의 조합이라면 영상으로 대체할 수 있고, 단독으로 사용하기에는 발표자의 목소리 전달을 방해할 수 있기 때문입니다. 적당한 양념은 맛을 살려주지만 과해지면 도리어 요리를 망칠 수 있다는 사실. 오디오를 사용할 때 잊지 말아야 합니다.

오디오 파일은 저장된 폴더에서 슬라이드 영역에 드래그하거나 리본 메뉴 [삽입] 탭의 [오디오(내 PC의 오디오)]를 클릭해 삽입할 수 있습니다. 오디오를 넣으면 해당 슬라이드에 스피커 모양의 아이콘이 나타납니다.

이 아이콘을 선택하면 리본 메뉴에 [재생] 탭이 나타납니다. 여기서 오디오 개체에 적용될 옵션을 조정합니다. 다양한 기능 중 꼭 알아둬야 할 옵션만 몇 가지 소개해드립니다.

※ 무료 음악 파일은 Bensound에서 다운로드 받을 수 있습니다.
→ https://www.bensound.com/

01 오디오 재생/음량 조절

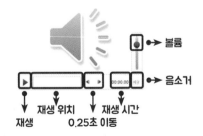

▲ 오디오 컨트롤러

슬라이드에 삽입된 오디오 개체(스피커 아이콘)에 커서를 올리면 재생 컨트롤러 창이 나타납니다. 원하는 부분부터 재생을 시작하거나 음량을 조절할 수 있습니다.

02 오디오 재생 타이밍 설정

오디오 재생 타이밍은 [애니메이션 창]에서 조정할 수 있습니다.

❶ 리본 메뉴 [애니메이션] 탭을 클릭합니다.
❷ [애니메이션 창] 아이콘을 클릭합니다. 작업화면 우측에 애니메이션 순서를 조정할 수 있는 창이 나타납니다.
❸ 재생 타이밍을 설정하고자 하는 오디오 개체(스피커 아이콘)를 클릭합니다.
❹ 애니메이션 창에서 선택한 오디오 개체 이름을 우클릭합니다.
❺ 재생 타이밍을 선택합니다.
  ① 클릭할 때 시작: 마우스 또는 프레젠터를 클릭하면 오디오가 재생됩니다.
  ② 이전 효과와 함께 시작: 앞 순서에 지정된 애니메이션 등의 효과와 동시에 재생됩니다.
  ③ 이전 효과 다음에 시작: 앞 순서에 지정된 애니메이션 등의 효과가 종료된 이후 자동으로 재생됩니다.

▲ 오디오 재생 타이밍 설정

03 삽입한 오디오 개체의 스피커 아이콘 모양을 다른 이미지로 바꾸기

▲ 그림 바꾸기 기능 아이콘

❶ 삽입한 오디오 개체(스피커 아이콘)를 선택합니다.

❷ 리본 메뉴 [서식] 탭을 클릭합니다.

❸ [그림 바꾸기] 아이콘을 클릭합니다.

❹ 스피커 아이콘 대신 삽입할 이미지 파일을 찾아 선택합니다.

❺ '열기' 버튼을 누르면 이미지가 변경됩니다.

❻ 개체 테두리를 드래그하여 원하는 크기로 사이즈를 조정합니다.

▲ 그림 바꾸기 적용 결과

04 오디오 재생 구간 자르기(트리밍)

❶ 삽입한 오디오 개체를 선택합니다.

❷ 리본 메뉴 [재생] 탭을 클릭합니다.

❸ [오디오 트리밍] 아이콘을 클릭합니다. 재생 구간을 선택할 수 있는 조정창이 열립니다.

❹ 시작/종료 시간을 숫자로 입력하거나 초록/빨강 조정 막대를 드래그하여 시작 지점과 종료 지점을 선택합니다.

❺ '확인' 버튼을 눌러 잘리는 구간(회색으로 표시)을 확정합니다.

※ ❶~❸ 단계를 반복하여 잘라낼 부분을 재설정할 수 있습니다.

▲ 오디오 트리밍 설정

05 페이드 인/아웃 설정하기

페이드 인은 오디오가 재생될 때 볼륨이 서서히 커지는 효과를 말합니다. 페이드 아웃은 오디오 종료 시 서서히 볼륨이 작아지는 효과입니다. 적절한 페이드 인/아웃 구간을 설정해 부드럽게 음향이 나타나고 사라지도록 할 수 있습니다.

❶ 삽입한 오디오 개체를 선택합니다.
❷ 리본 메뉴 [재생] 탭을 클릭합니다.
❸ [페이드 인/아웃] 항목에 효과가 적용될 길이(초 단위)를 입력합니다.
❹ 입력한 숫자(초)에 따라 볼륨의 천천히 커지거나 작아지며 오디오 효과가 시작/종료됩니다.

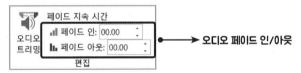

▲ 오디오 페이드 인 & 아웃

06 오디오 재생 옵션 설정

❶ 삽입한 오디오 개체를 선택합니다.
❷ 리본 메뉴 [재생] 탭을 클릭합니다.
❸ [오디오 옵션] 그룹에서 재생 환경을 설정합니다.
　① 볼륨: 오디오의 기본 재생 볼륨을 조정합니다.
　② 모든 슬라이드에서 재생: 슬라이드 페이지를 넘겨도 오디오가 끝까지 재생됩니다.
　③ 반복 재생: 설정된 종료 지점까지 반복 재생됩니다.
　④ 쇼 동안 숨기기: '슬라이드 쇼(발표 화면)' 실행 시 스피커 아이콘이 보이지 않습니다.

⑤ 재생 후 되감기: 오디오 미디어를 여러 차례 반복 재생할 때 사용합니다.

※ 전체 슬라이드가 종료될 때까지 오디오를 반복 재생하려면 [재생] 탭의 [백그라운드에서 재생] 아이콘을 클릭합니다.

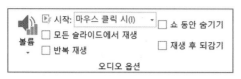

▲ 오디오 옵션 그룹

오디오 반복 재생 횟수 지정하기

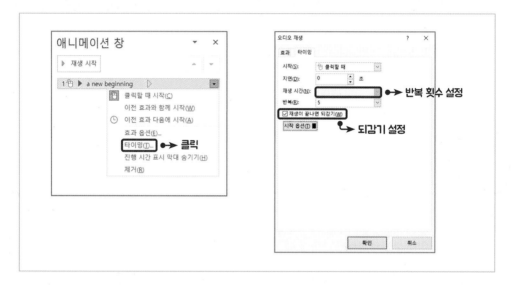

1) 리본 메뉴 [애니메이션] 탭을 클릭합니다.
2) [애니메이션 창] 아이콘을 클릭해 애니메이션 설정 작업창을 엽니다.
3) 삽입한 오디오 개체를 선택합니다. 애니메이션 창에서 해당 개체에 음영이 표시됩니다.
4) 애니메이션 창에서 선택된 개체 이름을 우클릭한 후 [타이밍]을 선택합니다.
5) '타이밍' 설정 창에서 [재생이 끝나면 되감기]를 체크합니다.
6) [반복] 항목에서 원하는 반복 횟수를 지정합니다. 임의의 횟수를 입력할 수도 있습니다.

TIP

일부 슬라이드에서만 오디오 재생하기

1) 리본 메뉴 [애니메이션] 탭을 클릭합니다.
2) [애니메이션 창] 아이콘을 클릭합니다. 작업화면 우측에 애니메이션 순서를 조정할 수 있는 창이 나타
   납니다.
3) [애니메이션 창]의 목록에서 오디오 제목을 우클릭 후 [효과 옵션]을 클릭합니다.
4) '재생 중지' 항목에서 몇 장의 슬라이드 이후 종료할지 지정합니다.
※ 슬라이드 재생 길이보다 오디오가 짧을 경우 '반복 재생' 옵션을 적용해주어야 합니다.

오디오 미디어는 삽입 후 '① 재생 길이 조정, ② 페이드 인/아웃 설정, ③ 재생 구간, ④ 반복
재생 여부, ⑤ 쇼 동안 숨기기' 정도만 필요에 따라 적용하면 충분합니다.

02 프레젠테이션의 히든 카드, 영상

영상은 프레젠테이션을 보는 사람들의 눈과 귀를 동시에 사로 잡는 미디어입니다. 적절한 타이밍에 사용된 영상 자료는 청중의 집중력을 다시 한 번 끌어올릴 수 있는 히든 카드가 됩니다.
파워포인트에서 영상 미디어를 활용하는 방법은 앞서 설명한 오디오 미디어 사용법과 매우 유사합니다.

영상 파일은 저장된 폴더에서 슬라이드 영역에 드래그하거나 리본 메뉴 [삽입] 탭의 [비디오(내 PC의 비디오)]를 클릭해 삽입할 수 있습니다. 영상를 넣으면 해당 슬라이드에 이미지 형태로 미리보기가 나타납니다.
영상 개체를 선택하면 리본 메뉴에 [서식]과 [재생] 탭이 나타납니다. [서식] 탭에서는 이미지 개체를 편집하는 방식으로 색상 수정, 크기 조정, 자르기 등을 적용할 수 있습니다. 또한 [재생] 탭에서는 영상의 재생 방식에 대한 옵션 설정이 가능합니다.

01 영상 재생/음량 조절

▲ 영상 재생 컨트롤러

슬라이드에 삽입된 영상 위에 커서를 올리면 재생 컨트롤러 창이 나타납니다. 이 영역에서 원하는 부분을 재생하거나 음량을 조절할 수 있습니다.

02 영상 밝기/대비 조정

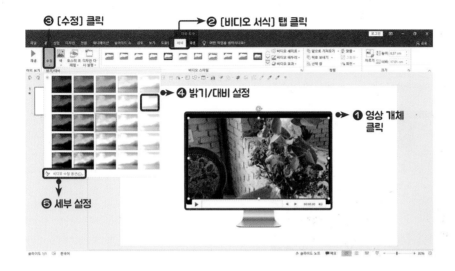

① 삽입한 영상을 선택합니다.
② 리본 메뉴 [서식] 탭을 클릭합니다.
③ [수정] 아이콘을 클릭한 후 적절한 밝기/대비 세팅을 선택합니다.
④ 보다 디테일하게 밝기/대비를 조정하려면 [수정] 아이콘 클릭 후 [비디오 수정 옵션]을 클릭합니다.

03 컬러 영상을 흑백으로 변환하기

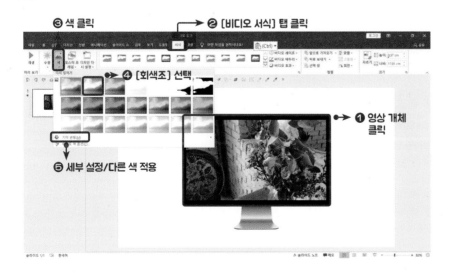

❶ 삽입한 영상을 선택합니다.

❷ 리본 메뉴 [서식] 탭을 클릭합니다.

❸ [색] 아이콘을 클릭합니다.

❹ 기본으로 제시되는 세팅 중 '회색조(상단 왼쪽에서 2번째)'를 선택합니다.

04 비디오 재생 타이밍 설정

영상 재생 타이밍은 [애니메이션 창]에서 설정할 수 있습니다.

❶ 리본 메뉴 [애니메이션] 탭을 클릭합니다.

❷ [애니메이션 창] 아이콘을 클릭합니다. 작업화면 우측에 애니메이션 순서를 조정할 수 있는 창이 나타납니다.

❸ 재생 타이밍을 설정하고자 하는 영상을 클릭합니다.

❹ 애니메이션 창에서 선택한 영상 개체 이름을 우클릭합니다.

❺ 재생 타이밍을 선택하세요.

　① 클릭할 때 시작: 마우스 또는 프레젠터를 클릭하면 영상이 재생됩니다.

　② 이전 효과와 함께 시작: 앞 순서에 지정된 애니메이션 등의 효과와 동시에 재생됩니다.

　③ 이전 효과 다음에 시작: 앞 순서에 지정된 애니메이션 등의 효과가 종료된 이후 자동으로 재생됩니다.

05 영상 정지 화면을 다른 이미지로 바꾸기

영상을 삽입하면 시작 시점의 이미지가 정지 화면에 '미리보기'로 나타납니다. 이를 다른 이미지로 변경할 수 있습니다.

1. 영상의 특정 지점을 '미리보기'로 사용하기

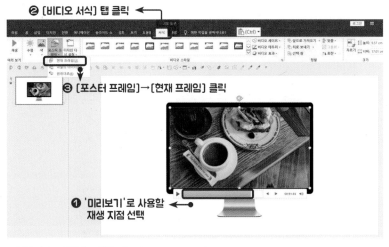

▲ 영상 미리보기(현재 프레임)_애프터

❶ 삽입한 영상 개체를 선택합니다.
❷ 재생 막대를 조정해 '미리보기(정지 화면)'에 노출하고자 하는 장면을 선택합니다.
❸ 리본 메뉴 [서식] 탭을 클릭합니다.
❹ [포스터 프레임] 아이콘을 클릭 후 [현재 프레임]을 선택합니다.

2. 이미지 파일을 '미리보기'로 사용하기

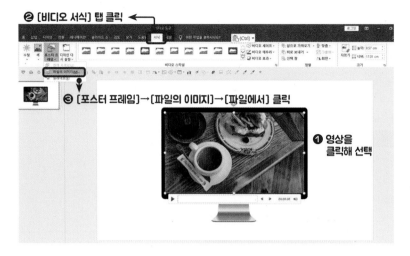

❶ 삽입한 영상 개체를 선택합니다.

❷ 리본 메뉴 [서식] 탭을 클릭합니다.

❸ [포스터 프레임] 아이콘을 클릭 후 [파일의 이미지]를 선택합니다.

❹ '그림 삽입' 창이 나타나면 [파일에서] 옵션을 선택한 후 정지 화면으로 사용할 이미지 파일을 찾아 불러옵니다.

❺ '삽입' 버튼을 누르면 영상의 정지 화면 이미지가 변경됩니다.

06 영상 프레임 모양 변경하기

영상 개체의 기본 프레임은 직사각형 형태이지만 필요에 따라 파워포인트 기본 도형 모양을 적용할 수 있습니다.

❶ 삽입한 영상 개체를 선택합니다.

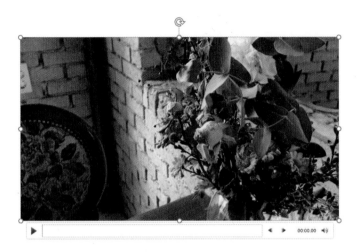

❷ 리본 메뉴 [서식] 탭을 클릭합니다.

❸ [비디오 셰이프] 아이콘을 클릭합니다. 파워포인트 기본 도형 목록이 나타납니다.

④ 변경하길 원하는 영상 프레임 모양을 선택합니다.

⑤ 선택한 도형 모양으로 영상 프레임이 변경됩니다.

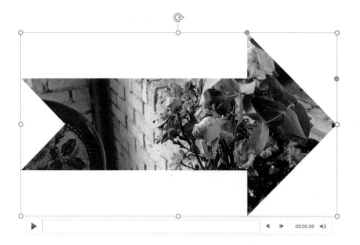

⑥ 도형 프레임의 크기는 리본 메뉴 [서식] 탭의 [자르기] 아이콘을 클릭해 조정할 수 있습니다.

07 영상 재생 구간 자르기(트리밍)

'비디오 트리밍' 기능을 이용해 영상의 시작 지점과 끝 지점의 불필요한 부분을 손쉽게 잘라낼 수 있습니다.

❶ 삽입한 영상을 선택합니다.
❷ 리본 메뉴 [재생] 탭을 클릭합니다.
❸ [비디오 트리밍] 아이콘을 클릭합니다. 재생 구간을 선택할 수 있는 조정 창이 열립니다.
❹ 시작/종료 시간을 숫자로 입력하거나 초록/빨강 조정 막대를 드래그하여 시작 지점과 종료 지점을 선택합니다.
❺ '확인' 버튼을 눌러 잘리는 구간(회색으로 표시)을 확정합니다.
※ ❶~❸ 단계를 반복하여 잘라낼 부분을 재설정할 수 있습니다.

08 영상 재생 옵션 설정

▲ 영상 재생 옵션

영상 재생과 관련한 다양한 옵션을 소개합니다.

❶ 삽입한 영상을 선택합니다.
❷ 리본 메뉴 [재생] 탭을 클릭합니다.
❸ [비디오 옵션] 그룹에서 재생 환경을 설정합니다.
　① **볼륨**: 오디오의 기본 재생 볼륨을 조정합니다.
　② **전체 화면 재생**: '슬라이드 쇼(발표 화면)'에서 영상을 재생 시 화면 크기에 맞춰 영상이 확대됩니다. 작은 크기로 영상을 삽입하거나 발표 장소가 넓을 때 체크해두면 좋습니다.
　③ **재생하지 않을 때 숨기기**: '슬라이드 쇼(발표 화면)' 실행 시 영상의 정지 화면이 보이지 않도록 합니다.
　④ **반복 재생**: 마우스나 프레젠터를 클릭해 종료 명령을 입력할 때까지 영상이 반복 재생됩니다.
　⑤ **재생 후 되감기**: 영상을 여러 차례 재생할 때 사용하는 기능입니다.

영상 반복 재생 횟수 지정하기

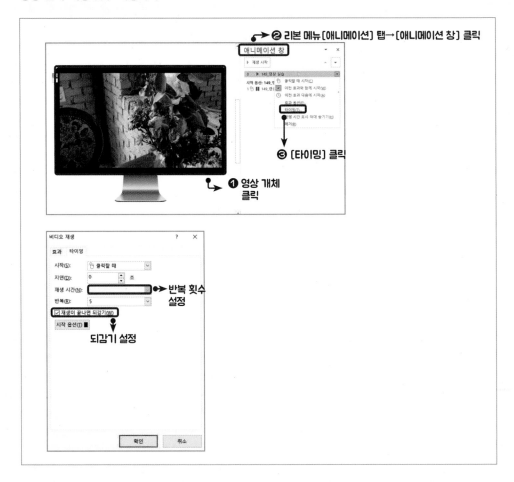

1) 리본 메뉴 [애니메이션] 탭을 클릭합니다.

2) [애니메이션 창] 아이콘을 클릭해 애니메이션 설정 작업창을 엽니다.

3) 삽입한 영상 개체를 선택합니다. 애니메이션 창에서 해당 개체에 음영이 표시됩니다.

4) 애니메이션 창에서 선택된 개체 이름 중 가장 위 항목만 클릭해 선택합니다. ('시작 옵션' 위)

6) 선택한 영상 개체 제목을 우클릭한 후 [타이밍]을 선택합니다.

7) '타이밍' 설정 창에서 [재생이 끝나면 되감기]를 체크합니다.

8) [반복] 항목에서 원하는 반복 횟수를 선택하세요. 임의의 횟수를 입력할 수도 있습니다.

자연스러운 영상 삽입 디자인 노하우

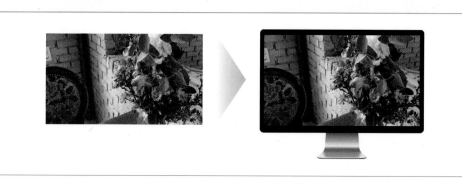

모니터 이미지를 먼저 삽입한 후 영상 개체를 화면 크기에 맞춰 겹쳐 올리면 보다 자연스러운 디자인을 연출할 수 있습니다.

1) 모니터나 태블릿 PC 등 디스플레이 이미지를 삽입합니다.
2) 영상 개체를 삽입한 후 1)단계에서 삽입한 이미지의 화면 부분 크기에 맞춰 영상 사이즈를 조정합니다.

영상 개체는 오디오 개체보다 활용도가 높습니다. 잘 만든 영상은 단숨에 시청자의 마음을 뒤흔듭니다. 그 자체로 슬라이드 디자인의 일부가 되기도 합니다. 문서 형태의 PPT만 만드는 경우에는 자주 쓰지 않겠지만 중요한 프레젠테이션을 준비할 때는 영상을 이용해 설득 효과를 높여보세요.

03 미디어 호환성 최적화/압축

멀티미디어(오디오, 영상) 개체를 활용해 PPT를 제작할 때는 마무리 시점에 '미디어 호환성 최적화'와 '미디어 파일 압축' 처리를 해주는 것이 좋습니다. 보다 가볍고 안정적으로 멀티미디어를 활용할 수 있습니다.

01 미디어 호환성 최적화

파워포인트 버전이 높아지며 상당 부분 개선되긴 했지만, 간혹 내 컴퓨터에서 잘 작동하던 영상이나 오디오가 다른 컴퓨터에선 제대로 재생되지 않는 경우가 있습니다. 이런 상황을 방지하기 위해 '미디어 호환성 최적화'라는 기능을 적용해 멀티미디어 파일을 파워포인트와 궁합이 가장 잘 맞는 파일로 변경해주는 것이 좋습니다.

❶ 리본 메뉴 [파일] 탭을 클릭합니다.
❷ 작업 중인 PPT 파일에 삽입한 영상, 오디오 파일 중 호환성 최적화 대상이 있을 경우 [정보] 항목에 [미디어 호환성 최적화]라는 메뉴가 나타납니다.

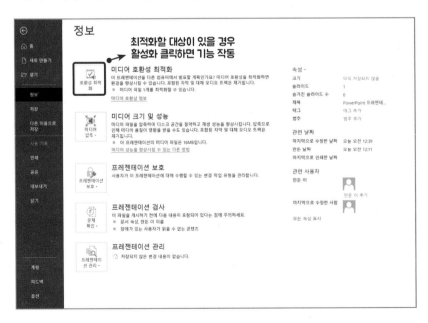

③ [호환성 최적화] 아이콘을 클릭합니다.

④ 해당 PPT 문서에 포함된 멀티미디어 파일의 호환성 최적화 처리가 진행됩니다.

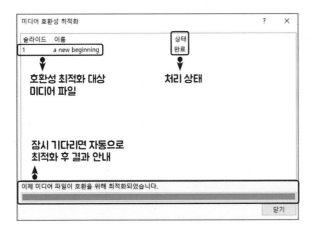

02 미디어 파일 압축

영상이나 오디오 같은 멀티미디어 파일은 용량이 큽니다. 이런 멀티미디어 개체를 삽입하면
그만큼 PPT 파일의 용량도 매우 커집니다. 이때 멀티미디어 파일 압축 기능을 사용하면 PPT
문서가 차지하는 용량을 보다 가볍게 만들 수 있습니다.

① 리본 메뉴 [파일] 탭을 클릭합니다.

② 작업 중인 PPT 파일에 삽입한 영상, 오디오 파일 등이 있을 경우 [정보] 항목에 [미디어 크
기 및 성능]이라는 메뉴가 나타납니다.

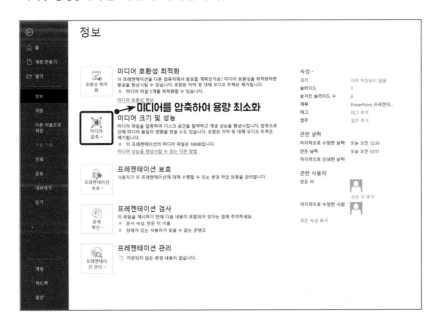

❸ [미디어 압축] 아이콘을 클릭합니다.

❹ 영상의 품질(Full HD/HD/표준)을 선택합니다. Full HD로 갈수록 영상 품질이 높지만 그 만큼 용량을 크게 차지합니다.

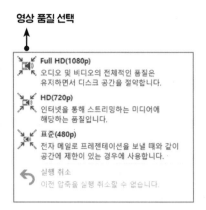

❺ 미디어 파일 압축이 끝난 후 저장하면 PPT 파일의 용량이 절약됩니다.

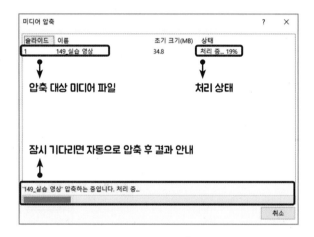

MEMO

POWERPOINT

09

애니메이션과 화면 전환

슬라이드에 생동감을 더하는 애니메이션과 화면 전환

뮤지컬 좋아하시나요? 뮤지컬을 보면 무대 위에 배우가 등장해 연기하고 퇴장합니다. 중간 중간 장면이 전환되고 막이 나뉩니다. PPT 슬라이드를 한 편의 뮤지컬 공연이라고 생각해봅시다. 우리가 작업하는 슬라이드 영역은 무대이고 개체는 배우입니다.

한 무대 장면(슬라이드)에서 배우(개체)가 입장하고 연기하고 퇴장할 때의 동작을 지정하는 기능이 '애니메이션'입니다. 공연의 장면이 바뀔 때 무대장치가 움직이듯, 슬라이드 페이지를 다음 장으로 넘길 때 나타날 그래픽 효과를 적용하는 기능이 '화면 전환'입니다.

이번 장에서는 애니메이션과 화면 전환을 효과적으로 활용하는 방법에 대해 알아보겠습니다.

01 애니메이션, 언제 사용할까?

애니메이션은 사용하기에 따라 말 그대로 '애니메이션'을 방불케 할 만큼 프레젠테이션에 생동감을 더할 수 있습니다. 잘만 쓰면 청중의 시선을 사로잡기에 손색이 없습니다. 하지만 애니메이션을 화려하게 만드는데 굳이 많은 시간과 노력을 쏟을 필요는 없습니다.

애니메이션 작업에 들이는 공수에 비해 메시지 전달력을 획기적으로 높여준다고 보기는 어렵기 때문입니다. 자칫하면 발표자가 아니라 애니메이션이 주연이 되는 주객 전도가 일어날 수도 있습니다. 프레젠테이션이 끝난 후 메시지가 남는 것이 아니라 화려한 애니메이션에 대한 인상만 남게 되는 것입니다. 게다가 잦은 애니메이션 사용은 자칫하면 프레젠테이션을 번잡하고 산만해보이게 만들어버릴 수도 있습니다.

따라서 애니메이션을 사용하는 방법은 알아두되 적용은 최소화하길 권합니다. 꼭 필요할 때만 써야 애니메이션의 강조 효과가 제대로 발휘됩니다. 애니메이션은 다음 세 가지 상황에 간결하고 담백하게 적용하는 것이 좋습니다.

❶ 묻고 답할 때

질문은 청중의 호기심을 자극하고 주의를 집중시키는 유용한 발표 기법입니다. 그런데 질문을 던질 때 답이 이미 제시되어 있으면 긴장감이 사라집니다. 이때 애니메이션을 통해 질문과 답의 제시 간격을 나눠주는 것이 좋습니다.

❷ 프로세스를 제시할 때

여러 단계의 프로세스를 하나씩 설명해야 하는 상황을 가정해봅시다. 전체 프로세스가 한 화면에 제시되어 있으면 발표자가 1단계에 대해 말하는 사이 청중은 이미 3단계, 4단계를 읽어나갑니다. 주의력이 분산되는 것입니다. 이를 방지하기 위해, 애니메이션으로 단계를 하나씩 열어가면 몰입도를 유지할 수 있습니다.

❸ 메시지를 강조할 때

사람은 본능적으로 멈춰 있는 것보다 움직이는 것에 반응합니다. 따라서 특정 영역에 청중의 주의를 집중시켜야 하거나 강조의 의미를 더할 때 애니메이션으로 동작을 넣어 시선을 유도할 수 있습니다.

02 애니메이션 적용시 고려 사항

개체에 애니메이션을 적용하는 일은 간단합니다. 하지만 '효과적인 애니메이션'을 만드는 일은 별개입니다. 전달력 높은 애니메이션을 만들려면 크게 세 가지를 고려해야 합니다.

1. 빠르게: 애니메이션 작동 시간은 짧게 설정하라

애니메이션 작동 시간은 가급적 짧게 설정하는 것이 좋습니다. 애니메이션 시간을 길게 잡으면 느리게 동작합니다. 발표자의 말은 이미 끝났는데 애니메이션은 아직 움직이는 상황을 가정해봅시다. 이야기를 이어가기 위해 발표자는 동작이 채 끝나기 전에 넘기게 되고 애니메이션은 중간에 툭 끊겨버립니다.

이를 보는 청중들은 '발표자의 말이 빠른가?', '첫 번째 애니메이션이 적용된 부분을 제대로 못 봤는데…', '애니메이션이 부자연스럽다'라는 생각을 합니다. 기껏 미려한 애니메이션을 적용하고 제대로 효과를 보지 못하는 것입니다.

그러니 애니메이션 발동 시간은 말보다 빠르게, 최소한 같은 속도로 작동하도록 설정하길 권합니다(약 0.25초~0.5초). 말하는 속도에 맞춰 애니메이션이 빠르게 동작할수록 발표에 리듬감이 생기고 노련해보입니다.

2. 심플하게: 동작이 단순하고 담백한 애니메이션을 활용하라

파워포인트가 제공하는 애니메이션의 종류는 매우 다양합니다. 그런데 이 효과들을 전부 사용하진 않습니다. 자주 쓰는 동작은 한정적입니다. 그런데 애니메이션을 적용하다 보면 '함정'에 빠지기 쉽습니다. PPT 작업자가 애니메이션에 매료되어 이것 저것 많은 효과를 적용하는 것입니다. 특히 움직임이 크고 화려한 것들을 주로 택합니다. 이럴 경우 슬라이드가 몹시 번잡해집니다. 청중은 처음 한두 번의 효과에는 감탄할 수 있지만 이내 피로감을 느끼게 됩니다.

애니메이션을 사용해야 한다면 가급적 나타내기, 밝기 변화, 닦아내기 등 단순하고 담백한 효과를 선택하길 권합니다. 덜 질릴 뿐더러 주로 사용하는 애니메이션이 수수해야 정말로 강하게 강조하고자 하는 지점에서 동작이 큰 효과를 적용해 메시지 주목도를 극대화할 수 있습니다.

3. 논리적으로: 작동 순서를 먼저 설계하라

PPT 애니메이션의 고수는 어떤 효과를 사용하느냐로 결정되지 않습니다. 어차피 사용 가능한 애니메이션은 초보든 고수든 같습니다. 초보라도 클릭 한 번으로 개체에 화려한 애니메이션을 넣을 수 있습니다. 차이는 다양한 효과를 조합하고 순서를 설계할 수 있느냐로 결정됩니다.

애니메이션을 잘 만들려면 논리력이 필요합니다. 일단 완성된 결과물을 상상했다면 거기까지 이르는 과정, 즉 작동 순서를 조립해야 합니다. 개체들에 적용된 애니메이션들이 순차적으로 나올지, 동시에 나올지. 발표자가 클릭을 해야 작동하기 시작할지, 자동으로 나올지, 자동으로 나오긴 하는데 몇 초간 지연 후 이어질지 등 결정해야 할 사항이 많습니다.

적용된 효과가 많아지고 동작 간의 관계성이 유기적으로 연결될수록 표현 범위는 무궁무진하게 넓어집니다. 다만 PPT를 만드는 입장에서는 몹시 복잡해지기 마련입니다. 이때, 애드립하듯 즉흥적으로 애니메이션을 지정하고 순서와 속도를 정하려 하면 금세 헷갈려 버립니다. 원하는 동작을 만들기도 어려울 뿐더러, 결국 완성하더라도 불필요한 시행착오를 여러 번 거치게 됩니다.

이를 방지하기 위해, 먼저 노트에 설계도를 만듭니다. 내가 상상하는 애니메이션 동작을 구현하는 데 필요한 요소를 생각해 봅니다. ① 애니메이션을 넣을 개체를 결정하고, ② 개체에 설정할 효과 종류를 선택하고, ③ 발동 순서와 ④ 속도, 그리고 ⑤ 작동 방향과 같은 ⑥ 세부 옵션 같은 것들을 먼저 적어보는 것입니다. 그 다음 이 설계도에 따라 실제 PPT 파일에 애니메이션을 적용하면 됩니다.

이렇게 하면 설계도에 따라 일사천리로 애니메이션을 적용할 수 있게 됩니다. 처음 노트에 끄적일 때는 바쁜데 빙 돌아가는 것 같지만, 결과적으로 시간과 노력을 아낄 수 있습니다.

애니메이션 효과의 종류

감독이라면 배우들이 표현할 수 있는 동작들을 알아야 합니다. 그래야 장면을 구상하고 동작을 지시할 수 있습니다. 애니메이션 적용도 마찬가지입니다. 설령 쓰지 않는다 해도 어떤 동작이 있는지 알아두는 것이 좋습니다. 각 애니메이션 유형 별로 제공되는 모든 효과를 개체에 한 번씩 적용해보며 동작 형태를 익혀두세요.

개체에 적용 가능한 애니메이션은 크게 4가지 종류로 나눌 수 있습니다.

01 나타내기 효과

개체를 슬라이드 영역에 등장시킬 때 적용하는 애니메이션 효과입니다. 나타내기 효과가 설정된 개체는 애니메이션 실행 전까지 슬라이드 영역에서 보이지 않습니다.

02 강조하기 효과

특정 개체에 시선을 주목시키고자 할 때 적용하는 효과입니다. 강조하기 효과가 설정된 개체는 슬라이드 영역에 이미 등장해있다가 애니메이션 실행 시 제자리에서 동작하게 됩니다.

03 끝내기 효과

슬라이드 영역의 개체를 화면에서 퇴장시킬 때 적용하는 효과입니다. 끝내기 효과가 설정된 개체는 애니메이션 실행 시 지정된 동작과 함께 사라집니다.

04 이동 경로

개체를 A지점에서 B지점으로 이동시킬 때 적용하는 효과입니다.

애니메이션 적용하기

01 애니메이션 적용 방법

애니메이션을 설정하는 방법은 간단합니다. 개체를 클릭한 후 설정할 효과를 선택해주면 됩니다. 이후 그리는 결과물을 고려해 동작 방향, 작동 속도, 시작 순서와 타이밍을 세팅하게 됩니다.

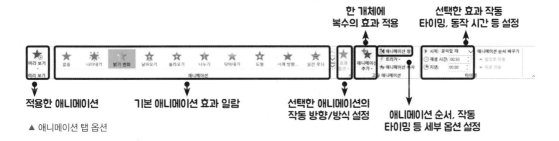

▲ 애니메이션 탭 옵션

① 애니메이션을 설정할 개체를 선택합니다.

② 리본 메뉴 [애니메이션] 탭을 클릭합니다.

③ '애니메이션 그룹'에는 사용 빈도가 높은 효과들이 선별되어 있습니다. 목록에서 원하는 애니메이션 효과를 선택하세요.

([애니메이션 추가] 아이콘을 클릭해 목록을 확인할 수도 있습니다)

④ 개체에 선택한 애니메이션이 적용됩니다. 자동으로 작동하는 '미리보기'로 동작을 확인할 수 있습니다.

⑤ '효과 옵션', '시작 방식', '재생 시간', '작동 순서' 등 세부사항을 설정합니다.

간단한 예제로 실습해보겠습니다.

❶ 스마트폰 화면 개체를 클릭합니다.

❷ 리본 메뉴 [애니메이션] 탭을 클릭합니다.

❸ '나타내기' 유형 중 [닦아내기] 아이콘을 클릭합니다.

❹ [효과 옵션]을 클릭하고 작동 방향을 '위에서'로 선택합니다.

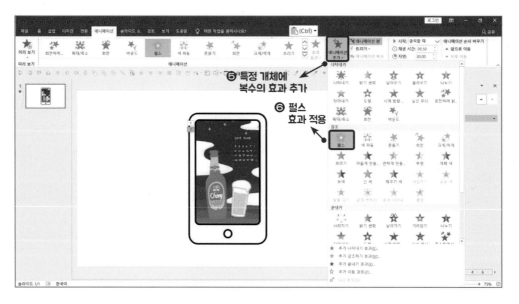

❺ 다시 스마트폰 화면 개체를 클릭한 후 [애니메이션 추가]를 클릭합니다.

❻ '강조' 유형 중 [펄스] 아이콘을 클릭합니다.

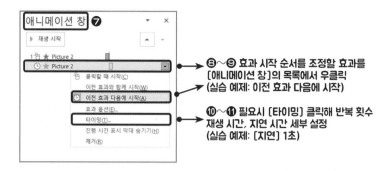

⑧~⑨ 효과 시작 순서를 조정할 효과를
[애니메이션 창]의 목록에서 우클릭
(실습 예제: 이전 효과 다음에 시작)

⑩~⑪ 필요시 [타이밍] 클릭해 반복 횟수
재생 시간, 지연 시간 세부 설정
(실습 예제: [지연] 1초)

⑦ 리본 메뉴 [애니메이션] 탭에서 [애니메이션 창]을 클릭합니다. 현재 개체에 적용된 효과
와 순서를 볼 수 있습니다.

⑧ 애니메이션 창 목록에서 노란색으로 표시된 '강조' 효과를 우클릭합니다.

⑨ 발동 순서를 [이전 효과 다음에 시작]으로 선택합니다.

⑩ 발동 시간에 지연을 주기 위해 다시 애니메이션 창에서 해당 효과를 우클릭하고 [타이밍]
을 선택합니다.

⑪ '지연' 항목에 1초를 입력합니다.

⑫ 리본 메뉴 [애니메이션] 탭의 [미리보기] 아이콘을 클릭해 적용 여부를 확인합니다.

T I P

추가 애니메이션 목록 보기

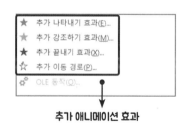

추가 애니메이션 효과

파워포인트는 다양한 동작 효과들을 제공하고 있습니다.
'애니메이션 그룹'에 기본적으로 제시되어 있지 않은 효과
목록까지 보려면 [추가 효과]를 확인해보세요.

1) 애니메이션을 설정할 개체를 선택합니다.
2) 리본 메뉴 [애니메이션] 탭을 클릭합니다.
3) [애니메이션 추가] 아이콘을 클릭합니다.
4) 목록 하단에서 '추가 효과'(추가 나타내기 효과, 추가 강
   조하기 효과, 추가 끝내기 효과, 추가 이동 경로)를 선택
   합니다.
5) 선택한 동작 유형에 적용할 수 있는 모든 애니메이션 효
   과 목록이 나타납니다.

02 애니메이션 효과 옵션

개체에 애니메이션을 적용했다면 세부 설정을 통해 보다 정교하게 원하는 동작을 연출할 수 있습니다. 그 중 첫 번째가 '효과 옵션'입니다. 효과 옵션은 애니메이션에 따라 다릅니다. 보통의 경우에는 '효과 옵션'을 통해 동작 방향을 설정합니다. 단, '나타내기'나 '밝기 변화'와 같이 몇몇 애니메이션에는 옵션 설정 메뉴가 아예 없기도 합니다.

각 애니메이션 효과를 차례로 적용해보고 효과 옵션까지 체크해보며 어떤 동작들이 있는지 알아봅시다.

❶ 개체에 애니메이션을 적용합니다.
❷ 선택한 애니메이션에 지정 가능한 옵션이 있을 경우 '애니메이션 그룹' 목록 옆의 [효과 옵션] 아이콘이 활성화됩니다.
❸ [효과 옵션] 아이콘을 클릭하고 원하는 동작 방향을 설정합니다.

03 애니메이션 시작 방식, 재생 시간, 지연 설정

효과 옵션 외에 동작이 시작되는 방식, 재생 시간, 타이밍이나 재생 시간, 그리고 필요 시 작동 전 지연 간격을 설정할 수 있습니다. 이 설정들은 리본 메뉴 [애니메이션] 탭 하위 메뉴 오른쪽에 위치한 '타이밍 그룹'에 모여있습니다. 다음에 설명할 [애니메이션 창]에서도 조정 가능합니다.

▲ 애니메이션 타이밍 그룹

❶ 시작 방식
　① 클릭할 때: 마우스나 프레젠터를 클릭할 때 애니메이션 동작이 실행됩니다.
　② 이전 효과와 함께: 페이지 내에 다수의 애니메이션이 있는 경우 바로 앞 순서 애니메이션과 동시에 작동합니다.
　③ 이전 효과 다음에: 페이지 내에 다수의 애니메이션이 있는 경우 바로 앞 순서 애니메이션이 종료되면 연이어 자동으로 작동합니다.

❷ 재생시간
　애니메이션이 동작하는 길이를 설정합니다. 단위는 '초'이며 수치가 클수록 느리게 재생됩니다.

③ 지연

애니메이션 지시 명령과 실제 작동 사이에 시간 간격을 두도록 합니다. 단위는 '초'입니다. 입력한 수치 만큼 지연된 이후 애니메이션이 재생됩니다.

04 애니메이션 창 활용

앞서 한 슬라이드에서 여러 개의 애니메이션을 적용할 경우, 순서 설계가 중요하다고 했습니다. 애니메이션 작동 순서와 세부적인 설정을 조정하려면 [애니메이션 창]을 이용하는 것이 좋습니다.

❶ 리본 메뉴 [애니메이션] 탭을 클릭합니다.
❷ [애니메이션 창] 아이콘을 클릭합니다.
❸ 슬라이드 작업창 오른쪽에 [애니메이션 창]이 활성화됩니다. 이 영역에 해당 슬라이드에 적용되어 있는 애니메이션 목록이 나열됩니다.
❹ 목록에서 옵션 조정을 원하는 개체 이름을 우클릭한 후 세부 설정을 합니다.
❺ 애니메이션의 작동 순서 조정은 드래그를 통해 바꿀 수 있습니다. 목록 순서 상 위에 있는 동작부터 순차적으로 재생됩니다.

▲ 애니메이션 창 예시

[애니메이션 창]은 효과들의 컨트롤 센터 역할을 합니다. 드래그하여 간편하게 애니메이션의 순서를 조정할 수 있고, 애니메이션 시작 방식, 재생 시간, 지연 타이밍까지 모두 이 영역에서 다룰 수 있습니다. 더욱 디테일한 효과 옵션 설정도 가능합니다. 개체에 적용되어 있는 애니메이션 효과 제거도 간편하게 할 수 있습니다. 섬세한 애니메이션을 만들고 싶다면 애니메이션 창과 친해지기 바랍니다.

04 애니메이션 서식 복사

수려한 애니메이션은 볼 때는 좋은데 막상 직접 만들려면 손이 많이 갑니다. 그만큼 작업 시간도 오래 걸립니다. 프레젠테이션에서 중요한 건 메시지 전달과 설득입니다. 애니메이션은 이를 거들 뿐입니다. 도구가 돼야지 그 자체로 목적이 될 필요는 없습니다. 따라서 애니메이션 효과는 간결하게 적용하고 세팅에 드는 시간과 노력을 아끼길 권합니다.

'애니메이션 서식 복사'는 특정한 개체에 적용되어 있는 애니메이션 효과를 지정한 개체에 그대로 복사해주는 기능입니다. 여러 개체에 같은 애니메이션을 설정하려 할 때 작업시간을 획기적으로 줄여줍니다. 애니메이션 작업 전에 꼭 익혀두시기 바랍니다.

① 애니메이션을 복사할 원본 개체 A를 선택합니다.
② [애니메이션 복사] 단축키 Alt + Shift + C 키를 입력합니다. 작동시 마우스 커서 옆에 페인트 브러시 모양이 표시됩니다.
　※ 리본 메뉴 [애니메이션] 탭을 클릭한 후 하위 기능 [애니메이션 복사]를 클릭하여 기능을 활성화할 수도 있습니다.
③ 복사한 애니메이션 효과를 적용할 개체 B를 클릭합니다. 즉시 A개체의 애니메이션 효과가 B개체에 그대로 복사됩니다.
④ ESC 키를 누르거나 슬라이드의 빈 화면 영역을 클릭하면 [애니메이션 복사]가 종료됩니다.

애니메이션 복사 단축키 입력 후
효과를 적용할 개체를 클릭

애니메이션 복사 기능을 종료하기 전까지는 클릭하는 개체마다 애니메이션이 적용되니 주의가 필요합니다. 손대는 것마다 황금으로 변한다는 마이더스의 손처럼 건드리는 것마다 애니메이션 개체로 만들어버리기 때문입니다.

05 화면 전환 적용

[애니메이션]은 슬라이드 한 페이지 안에 있는 개체들에 움직임을 더해주는 기능입니다. 반면, [화면 전환]은 페이지를 넘길 때의 시각 효과를 적용해줍니다.

별도의 화면 전환 효과를 설정하지 않으면 페이지가 순식간에 넘어가 툭툭 끊기는 느낌이 듭니다. 이때 가장 기본적인 화면 전환 효과인 '밝기 변화'라도 적용하면 페이지가 부드럽게 넘어가며 보기 좋아집니다. 발표용 PPT를 만들 때 적절히 사용해주면 좋습니다. 단, 화면 전환 효과도 애니메이션과 마찬가지로 과하게 사용하면 독이 된다는 것을 잊지 마세요.

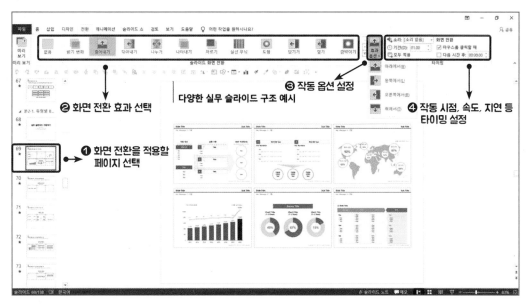

▲ 화면 전환 적용 단계

01 화면 전환 효과 세팅

이미 '애니메이션 기능' 적용 방법을 익혔다면 '화면 전환 기능' 설정 방법도 쉽게 배울 수 있을 것입니다. 큰 차이가 없기 때문입니다.

❶ 작업화면 왼쪽 썸네일 영역에서 화면 전환을 적용할 슬라이드를 선택합니다.

❷ 리본 메뉴 [전환] 탭을 클릭합니다.

❸ '슬라이드 화면 전환' 그룹에서 원하는 효과를 선택합니다. 클릭하면 적용 예시를 보여줍니다.

❹ '효과 옵션', '기간(재생 시간)', '전환 타이밍' 등 세부사항을 설정해줍니다.

02 화면 전환 효과 옵션 설정

❶ 효과 옵션

전환 효과에 따라 작동 방향, 모양 등을 세부적으로 설정할 수 있습니다. 슬라이드에 화면 전환 효과를 적용 후 리본 메뉴 [전환] 탭에서 [효과 옵션] 아이콘을 클릭해 적용합니다.

❷ 기간

화면 전환의 재생 시간을 초 단위로 변경할 수 있습니다. 작은 숫자를 입력할수록 화면 전환이 빨라집니다.

❸ 전환 타이밍

리본 메뉴 [전환] 탭의 '타이밍 그룹'에서 전환 효과가 작동 시점을 설정할 수 있습니다. 기본적으로 '마우스를 클릭할 때'에 체크되어 있습니다. 이 경우 마우스나 프레젠터 버튼을 클릭해야 화면 전환 효과가 작동됩니다.

'다음 시간 후' 항목에 초 단위로 수치를 입력해두면 클릭하지 않아도 설정한 시간이 지난 후 자동으로 화면 전환 효과가 발동됩니다.

TIP

다수의 페이지에 화면 전환 적용하기

1. 특정 페이지 선별해 적용하기

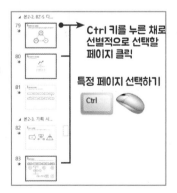

Ctrl 키를 누른 채 썸네일 영역의 슬라이드를 클릭하면 서로 떨어져 있는 다수의 페이지를 선별적으로 선택할 수 있습니다. 이후 원하는 화면 전환 효과를 찾아 클릭하면 선택한 페이지들에 일괄 적용됩니다.

2. 일부 범위 선택해 적용하기

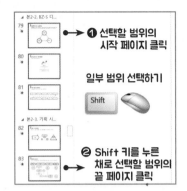

썸네일 영역에서 A 슬라이드를 선택한 후 (Shift) 키를 누른 채 B 슬라이드를 클릭하면 A와 B 사이의 모든 슬라이드가 선택됩니다. 이후 원하는 화면 전환 효과를 적용하면 선택한 페이지에 일괄 적용됩니다.

3. 특정 화면 전환 효과를 모든 슬라이드에 적용하기

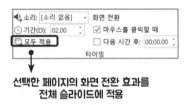

선택한 페이지의 화면 전환 효과를
전체 슬라이드에 적용

1) 다른 슬라이드에도 적용할 화면 전환 효과가 이미 세팅되어 있는 슬라이드를 썸네일 영역에서 선택합니다.
2) 리본 메뉴 [전환] 탭을 클릭합니다.
3) [모두 적용] 아이콘을 클릭합니다. 선택한 화면 전환 효과와 옵션(재생 시간, 전환 타이밍) 등이 전체 슬라이드에 동일하게 설정됩니다.

T I P

선택한 슬라이드에 설정된 화면 전환 효과 미리 보기

리본 메뉴 [전환] 탭 하위 메뉴 중 가장 왼쪽에 있는 [미리 보기] 아이콘을 클릭해보세요. 현재 슬라이드에 적용한 화면 전환 효과, 효과 옵션, 재생 시간 등을 확인할 수 있습니다.

06 스마트한 화면 전환 사용법

화면 전환 효과는 프레젠테이션 슬라이드에 세련미를 더해줍니다. 동시에 '페이지 역할을 구분 짓는 장치'로서의 역할을 가집니다. 하나의 PPT를 구성하는 다수의 슬라이드는 각기 다른 성격을 가지고 있습니다.

대표적으로 표지, 목차, 본문, 챕터를 구분짓는 간지, 보충자료, 클로징 슬라이드 등입니다. 어떤 페이지는 통상적인 정보나 메시지를 담고 있는 반면, 어떤 페이지는 해당 프레젠테이션에서 설득의 키를 쥐고 있어 강조가 필요합니다.

화면 전환 효과를 적용할 때 이러한 슬라이드 별 역할을 고려해야 합니다. 역할과 성격에 따라 화면 전환 효과를 다르게 선택하고 이를 PPT 전체에 걸쳐 일관성 있게 적용해야 합니다. 이렇게 할 경우 여러 가지 화면 전환 효과를 쓰더라도 산만함을 줄일 수 있습니다. 또한 청중은 화면 전환 효과를 통해 발표의 흐름, 메시지의 중요도 등을 보다 쉽게 인지하고 판단할 수 있습니다.

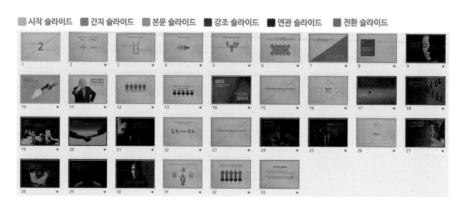

▲ 화면전환 효과 적용 설계 예시

PPT 작업을 완료한 후 작업표시줄의 화면 모드 중 [여러 슬라이드]를 선택합니다. 전체 슬라이드를 썸네일 형태로 조망할 수 있습니다. 완성된 PPT를 처음부터 한 장씩 훑어보며 슬라이드 성격에 따라 '화면 전환' 전환 효과를 부여합니다.

위 예시처럼 슬라이드마다 색을 달리하거나 할 필요는 없습니다. 이는 구분해서 보여드리려 표시한 것 뿐입니다. 단지, '페이지 역할에 따라 화면 전환 효과를 달리하고, 일관되게 적용하라'는 원칙만 기억하면 화면 전환 기능을 더욱 효과적으로 사용할 수 있습니다.

지금까지 파워포인트를 자유자재로 활용하기 위해 알아야 할 '핵심 기능'은 모두 다뤘습니다. 알려드린 기능들만 제대로 숙지하면 다채로운 표현을 할 수 있습니다. '이걸 어떻게 파워포인트로 만들었지' 싶은 PPT를 직접 만들 수 있게 됩니다. 고급 스킬들도 전부 지금껏 알려드린 기본 기능의 조합이기 때문입니다.

파워포인트를 잘 다루려면 연습이 정말 중요합니다. 스킬은 머리에 남지 않습니다. 손에 남습니다. 생각하지 않아도 본능적으로 사용할 수 있을 때까지 자꾸 시도하고 적용해봐야 합니다. 일단 기능이 몸에 익어야 디자인 표현 단계로 넘어갈 수 있습니다.

배운 내용을 바로 써보려 노력하지 않으면 금세 원래대로 작업하게 됩니다. 단축키 한 번이면 끝날 일을 클릭하고, 클릭하고, 또 클릭합니다. 왜일까요? 새로 배운 것은 낯설고, 적용해보려는 순간에 당장 기억이 안 나기 때문입니다. 찾아보기 귀찮다고 안 쓰다보면 금세 잊어버립니다. 그러다보면 파워포인트 때문에 하던 고생을 다시 반복하게 됩니다. 그렇게 되지 않도록 큰 마음 먹고 공부하는 이 참에 제대로 내 것으로 만들어봅시다.

POWERPOINT

10

전달력을 높이는 디자인

01 프레젠테이션에 맛을 더하는 디자인

〈냉장고를 부탁해〉라는 예능 프로그램이 있었습니다. 스타의 냉장고 안에 있는 식재료를 활용해 유명 쉐프들이 즉석에서 창작 요리를 만들어주는 프로그램입니다. 이 프로는 경연 형식이기에 요리를 의뢰한 스타는 그 날의 우승 쉐프를 선정합니다. 따라서 쉐프는 맛뿐만 아니라 요리의 비주얼과 의미까지 신경씁니다. 냉동식품, 손질 안 된 채소, 조미료와 소스 등 따로 보면 맛있게 먹기 어려운 재료들이 쉐프의 손을 거치면 금세 보기 좋고 맛도 좋은 일품요리가 됩니다. 이런 과정은 경이롭기까지 합니다.

PPT를 만드는 작업은 〈냉장고를 부탁해〉의 쉐프들이 하는 일과 같습니다. PPT 기획자는 형태 없는 아이디어, 정리되지 않은 데이터, 가지치기 되지 않은 이런저런 정보들을 분석하고 다듬어 메시지와 논리 흐름을 도출합니다. 그리고 독자와 청중이 쉽게 이해할 수 있도록 가공하여 슬라이드에 옮깁니다.

단, 텍스트나 이미지들을 두서없이 나열하는데 그쳐선 안 됩니다. PPT를 보는 사람들(청중, 독자, 상사, 고객 등)은 바쁩니다. 우리가 만든 PPT에 큰 관심과 중요도를 부여하지 않습니다. 그런 이들에게 집중력을 끌어내고 메시지를 전달하려면 우리의 슬라이드를 먹음직스럽게 조리해야 합니다. PPT가 담고 있는 내용 역시 끝까지 몰입할 수 있도록 맛있어야 합니다. 이를 위해 디자인이 필요합니다. 파워포인트 기능을 통해 아이디어와 정보를 슬라이드에 시각화하여 구현한다면, 디자인은 이를 보다 눈에 띄게 하고 계속해서 보고 싶게 만들어줍니다.

PPT를 디자인할 때 가장 중요한 것은 무엇일까요? 어떤 PPT를 잘 디자인됐다고 말할 수 있을까요? 다수의 이미지와 픽토그램으로 '예쁘게' 만든 PPT일까요?

슬라이드를 디자인할 때 최우선적으로 신경써야 하는 것은 '가독성'입니다. PPT를 통해 전달하려는 메시지와 정보에 시선이 가야 하고, 내용이 쉽게 눈에 들어와야 합니다. PPT 디자인의 초점을 가독성 향상에 맞추고 이를 방해하는 요소를 사족으로 간주해 덜어낼수록 슬라이드는 본연의 기능을 충실히 수행하게 됩니다. 이번 챕터에서는 먼저 가독성을 높이기 위해 고려해야 할 디자인 원칙들을 알아보겠습니다.

02 PPT의 세 가지 시각화 도구

텍스트는 많은 정보를 담을 수 있지만 해석하는데 리소스가 많이 필요한 요소입니다. 텍스트 중심의 자료를 이해하려면 주의를 집중하고 시간을 투자해야 합니다. 그러나 청중과 독자의 특성은 크게 바뀌지 않습니다. 바쁘고, 그닥 주의를 기울이지 않습니다. 그들에게 온전히 메시지와 정보를 전달하려면 눈에 잘 들어오고 쉽게 이해되도록 화면을 구성해야 합니다.

▲ 3가지 시각화 도구

그림/사진, 도해, 차트. 이 세 가지는 PPT의 주요 시각화 도구입니다. 발표용 PPT에서는 그림/사진이 주역입니다. 반면, 보고서와 같은 실무 PPT에서는 도해와 차트를 주로 사용합니다. 각 요소의 특징을 간략히 정리해봅시다.

01 그림/사진

▲ 실사 이미지를 활용한 PPT 디자인

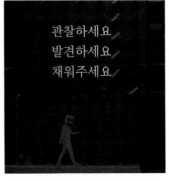

이미지 출처: Photo by Arvin Keynes on Unsplash

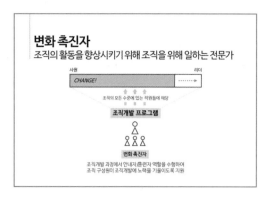
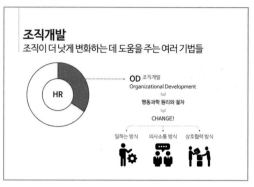

▲ 프로그램 이미지를 활용한 PPT 디자인

　실사 사진, 일러스트, 픽토그램 아이콘 등 그림 형태의 이미지 파일(JPG, PNG, GIF 등)을 말합니다. 세 가지 비주얼 요소 중 표현 범위가 가장 넓고 심미적입니다. 이미지 중심의 PPT는 현상에 대한 직접적인 제시 뿐 아니라 상징을 활용한 함축적 메시지 전달에 이르기까지 다양한 표현을 시도할 수 있습니다. 차트와 도해가 '이성적'이라면 이미지는 '감성적' 속성을 가집니다.

02 도해

　도형과 텍스트 개체를 활용해 메시지와 정보를 구조화 하는 것을 도해라고 합니다. 슬라이드의 뼈대 역할을 하며 정보 간의 관계성이 선명하게 드러나도록 합니다. 또한 이해하기 쉬운 크기로 정보를 나누어주고 묶어주며, 독해 순서를 안내함으로써 가독성을 높이는데 기여합니다.

　도해는 이미지 요소로서의 특성은 가장 약하나 텍스트 개체와의 조화도가 높습니다. 게다가 차트와 마찬가지로 격식 있고 정돈된 인상을 줍니다. 따라서 보고서나 제안서와 같이 텍스트 사용량이 많고 공식성을 띄는 실무 PPT를 디자인할 때 주로 사용됩니다.

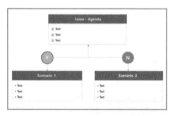
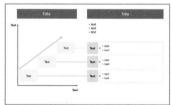
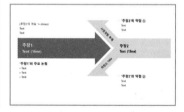

▲ 도해를 활용한 PPT 디자인

03 차트

차트는 숫자 데이터를 그래프 형태로 시각화한 비주얼 요소를 말합니다. 숫자 데이터를 비교하거나 함의점을 직관적으로 표현하는데 유용합니다. 원 차트, 가로 막대 차트, 세로 막대 차트, 선 차트 등이 대표적인 유형입니다. 숫자를 기반으로 하는 만큼 이성적인 특성을 가지며 자료에 신뢰성을 더해주는 효과가 있습니다. 단, 정보를 축약해 표현하는 형태이므로 데이터의 왜곡이나 자의적 해석이 반영될 수 있으므로 작성과 해석에 주의해야 합니다.

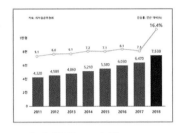 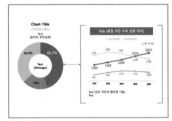 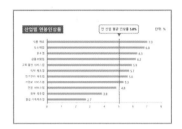

▲ 차트를 활용한 PPT 디자인

이 세 가지 시각화 도구를 다룰 줄 알면 PPT로 왠만한 표현을 다 할 수 있습니다. 우리는 전문 디자이너가 아닙니다. 고급스러운 디자인 방법론과 스킬에 대해 깊이 파고들 필요는 없습니다. 내가 PPT를 통해 전하려는 메시지와 정보가 전달 과정에서 왜곡되지 않고, 꼭 보여줘야 할 부분이 눈에 잘 띄게 할 수 있다면 충분히 좋은 디자인입니다. 우리가 지향하는 디자인 방향은 '예쁜 PPT'를 만드는 것이 아니라 '가독성 높은 PPT' 만들기임을 잊지 맙시다.

03 도해의 퍼즐 조각, 도형의 역할과 기능

메시지와 정보의 관계를 표현해주는 도해는 활용도가 매우 높은 시각화 도구입니다. 이미지 중심의 PPT 뿐만 아니라 보고서, 제안서와 같은 비즈니스 PPT에까지 폭 넓게 쓰입니다. 특히 실무 PPT에서는 화려한 그림이나 사진보다 담백하지만 명쾌한 도해가 더욱 진가를 인정받습니다.

발표자가 육성으로 내용을 전달해주는 이미지 중심의 프레젠테이션 전용 PPT와 달리 실무 PPT는 기록물로서 오래 보전돼야 하고 문서 자체로 생명력을 가져야 하기 때문입니다. 따라서 상징성이 강해 보는 이에 따라 해석이 달라질 여지가 있는 그림이나 사진보다 발표자의 목소리를 대신하는 텍스트와 그것을 구조화하여 쉽게 인지되도록 도와주는 도해의 역할이 커지는 것입니다.

도해는 단순히 예쁘게 만드는 전부가 아닙니다. 도해의 모양은 그 자체로 구성 요소 간의 연결성을 보여주고 메시지의 방향성을 나타내는 안내판 역할을 합니다. 이를 고려할 때, 도해를 이루는 도형 개체이 모양 별 특성과 역할을 이해하는 것이 필요합니다. 도해의 일부로서 PPT의 뼈대이자 텍스트 상자 역할을 톡톡히 수행하는 대표적인 도형을 소개합니다.

01 원형: '키워드'의 그릇

원 도형은 텍스트를 입력할 공간이 넓지 않습니다. 대신 도형 중앙으로 시선이 모아져 '키워드'를 기록하는 용도에 적합합니다.

02 삼각형: '포인트'가 만드는 방향과 집중성

삼각형은 꼭짓점이 모이는 지점을 향해 방향성을 갖습니다. 이에 따라 화살표 대용이나 프로세스, 계층 구조를 표현하는데 주로 사용됩니다.

03 사각형: 도해의 기본 단위, '텍스트 상자'이자 '정보의 그룹'

사각형은 긴 텍스트를 입력하기에 용이합니다. 텍스트 상자로 활용하기에 매우 좋습니다. 또한 사각형의 테두리가 정보를 그룹 지어주는 효과가 있습니다. 도해 전체의 프레임 역할을 충실히 수행합니다.

모서리가 각진 사각형은 자칫 너무 딱딱하다는 인상을 줄 수 있습니다. 이를 완화하기 위해 도형 목록 중 '사각형: 둥근 모서리' 도형을 택해 테두리를 완만하게 만들어 사용하는 것도 좋습니다.

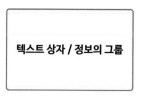

04 선: '연결'과 '단절'의 도구

선 도형의 역할은 2가지입니다. '연결'과 '단절'입니다. 먼저, 선을 개체와 개체 사이에 두고 두 개체 모두에 닿게 하면 '연결성'이 부여됩니다. 반면, 개체 사이에 선을 놓되 서로 맞닿지 않고 대치하도록 배열하면 '단절'이 생겨 정보 덩어리가 구분됩니다. 이렇듯 선 개체는 사용하기에 따라 보는 이의 해석을 유도할 수 있는 유용한 '넛지'가 됩니다.

05 화살표: 안내와 지시 그리고 강조

화살표는 '흐름 방향 안내'와 '지시', '부분 강조' 기능을 가집니다. 독자는 무의식적으로 화살표 끝을 눈으로 좇습니다. 이런 특성을 고려하여 독자의 시선 방향과 정보 해독 순서를 가이드하는데 화살표를 사용하기도 합니다. 또한 문서 작성자가 강조하고 싶거나 독자가 우선적으로 봤으면 하는 지점을 화살표로 가리켜 주목도를 높일 수 있습니다.

06 별표: 강력한 강조 표시

학창시절 선생님이 중요하다고 강조한 부분에는 의례히 별을 그려 표시를 했을 것입니다. 그래서일까요? 문서에서도 별 표시는 강력한 강조 표시로 기능합니다. 남발하면 도형이 갖는 힘이 떨어지니 중요한 포인트에 적절히 활용하기 바랍니다.

04 PPT 디자인의 4가지 기본 원리

PPT 디자인은 그림, 도형, 텍스트, 차트 등 다양한 개체를 조합하고 배열하는 과정을 통해 이뤄집니다. 디자인 재료가 많아지고 표현의 욕심이 커지다 보면 자칫 슬라이드가 번잡해지기 쉽습니다. 무엇을 더하고 뺄지, 어디에 배열해야 할지 혼란에 빠집니다. 디자인을 한다기보다 슬라이드에 개체들을 구겨넣는데 급급해집니다. 결과적으로 손 댈수록 못생긴 PPT가 돼버립니다.

무엇이 문제일까요? '디자인 감각'이 없어서 그럴까요? 물론 뛰어난 센스를 가진 사람들은 손쉽게 감각적인 디자인을 해냅니다. 하지만 설령 내게 디자인 감각이 없다 해도 아직 포기하긴 이릅니다. 감각이 부족하다면 '공식'을 익히고 적용하면 됩니다.

가독성 높은 PPT는 4가지 기본 원리를 바탕으로 만들어집니다. 각각의 원리를 예시와 함께 보다 자세히 알아보겠습니다. 일단 이 4가지 원리를 염두에 두며 공식처럼 적용할 수 있도록 연습해보길 권합니다.

정렬	그룹화	통일감	차별화
개체들의 선을 맞춰 정렬, 배치하라	개체를 묶어 역할과 기능을 구분하라	같은 성격의 정보에는 동일 디자인을 적용하라	차이를 통해 강조하라

▲ 4가지 디자인 원리

01 정렬의 원리: 선을 맞추어 개체를 배치하라

'정렬의 원리'는 개체를 배치할 때 같은 선(line) 상에 위치하는 것을 말합니다. 개체들이 제멋대로 삐뚤빼뚤 놓여 있으면 디자인이 채 완성되지 않은 듯한 느낌을 줍니다. 가상의 선 위에 일관성 있게 위치하는 것만으로도 매우 정갈하고 정돈된 느낌을 줄 수 있습니다.

텍스트가 시작하는 지점에 맞춰 왼쪽 정렬, 개체 간의 간격을 동일하게 배열, 슬라이드 공간 정중앙에 배치 등 '선'을 고려해 개체의 위치를 세팅해보길 바랍니다.

Option① Title	Option② Title
Text (옵션① 개요·특징)	Text (옵션② 개요·특징)
• Text • Text • Text • Text • Text	• Text (세부 설명) • Text (세부 설명) • Text (세부 설명) • Text (세부 설명) • Text (세부 설명)
향후 예상 전개	향후 예상 전개
• Text • Text • Text	• Text • Text • Text

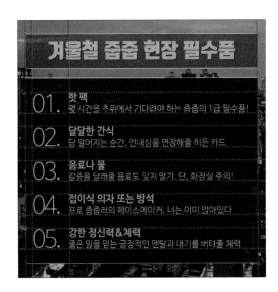

겨울철 줍줍 현장 필수품

01. **핫 팩**
몇 시간을 추위에서 기다려야 하는 줍줍의 1급 필수품!

02. **달달한 간식**
당 떨어지는 순간, 인내심을 연장해줄 히든 카드

03. **음료나 물**
갈증을 달래줄 음료도 잊지 말기. 단, 화장실 주의!

04. **접이식 의자 또는 방석**
프로 줍줍러의 페이스메이커. 너는 이미 앉아있다

05. **강한 정신력 & 체력**
좋은 일을 믿는 긍정적인 멘탈과 대기를 버텨줄 체력

이미지 출처: Photo by Andreas Brucker on Unsplash

02 **그룹화의 원리: 위치와 연결을 통해 정보 그룹별 역할과 기능을 구분하라**

'그룹화의 원리'는 연관된 정보와 메시지를 '한 덩어리'로 인지하게 만들어주라는 것입니다. 사람들은 서로 근접해있거나 색상이나 모양이 같은 경우, 또는 선으로 연결되어 있을 때 여러 개체를 하나의 정보 그룹으로 인지합니다. 이러한 원리를 활용해 방대한 정보를 청중이나 독자가 인식하기 좋은 크기로 나누어줄 수 있습니다. 나아가 각 개체 그룹에 의미를 담을 수 있습니다.

 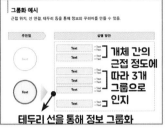 

가장 왼쪽 예시를 보면 6개의 텍스트 상자가 있습니다. 보는 이는 자연스럽게 이 텍스트 상자를 두 개 그룹으로 묶어서 봅니다. 3개씩 서로 가까이 위치해있기 때문입니다. 게다가 선으로 상위 텍스트 상자에 연결되어 있습니다.

두 번째 예제도 마찬가지입니다. 이번에는 텍스트 상자 간 우열을 암시하는 신호가 없음에도 불구하고 정보 덩어리가 3개로 분류됩니다. 각 개체의 위치, 근접한 정도가 만들어내는 차이입니다.

03 통일감의 원리: 같은 성격의 개체에 같은 디자인을 적용하라

통일감의 원리는 규칙적이고 일관된 서식을 적용하여 개체의 성격을 구분해주는 것을 의미합니다. 개체 디자인의 통일감은 독자로 하여금 정보를 보다 효율적으로 인지하게 해줍니다. '슬라이드 왼쪽 상단에 놓인 맑은 고딕 18pt로 작성된 텍스트는 슬라이드 제목', '파란색 사각형 안에 하얀 폰트로 쓰인 텍스트는 정보의 소분류' 이런 식으로 서식의 규칙성을 이해하는 순간, 정보 해석에 들이는 노력을 줄일 수 있게 되는 것입니다.

이렇듯 통일감의 원리는 정보 전달력을 높일 뿐더러 PPT 작성자가 디자인에 대해 고민해야 할 수고를 덜어주는 효과가 있습니다. 일단 문서 디자인의 규칙을 세팅하면 개체 성격에 맞춰 해당 서식을 일관성 있게 적용할 수 있기 때문입니다.

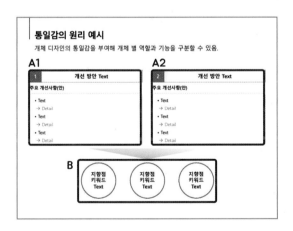

예시 슬라이드를 보면 (A1)와 (A2)는 위치가 서로 떨어져 있어 별개의 그룹으로 인식됩니다. 하지만 디자인과 적용된 서식이 같습니다. 독자는 이 두 정보 덩어리의 성격이 동일하다는 것을 쉽게 짐작할 수 있습니다. 반면 (B)는 (A1), (A2)와는 모양이 확연히 다릅니다. 독자들은 자연히 (A1), (A2)와 (B)는 성격에 차이가 있음을 인지합니다.

04 차별화의 원리: 다름을 통해 강조하라

'차별화의 원리'란 강조할 부분만 다른 개체와 특성의 차이를 두드러지게 두어 주목도를 높이는 것을 의미합니다. 차이는 보는 이의 시선을 사로잡고, 그 안에 담긴 의미를 해석하도록 유도합니다.

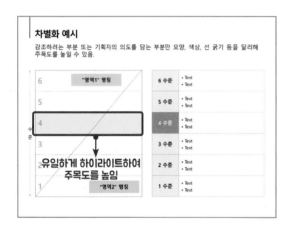

예시 슬라이드를 보면 4번째 영역에만 하이라이트가 적용되어 있습니다. 작성자가 몇 번째 영역을 강조하려는지 쉽게 알 수 있습니다. 이와 같이 PPT를 디자인할 때, 작성자가 강조하려는 부분이나 특별한 의도를 담은 부분만 '모양, 색상, 선 두께' 등을 달리하여 주목도를 높여야 합니다. 강조하려는 영역만 선명하게 차별화할 때 진정한 강조가 됩니다. 이 말을 기억하기 바랍니다. "모든 것을 강조하는 것은 아무 것도 강조하지 않는 것과 같다."

이미지 출처: Photo by Benjamin wong on Unsplash

05 효과적인 이미지 활용 가이드

01 디자인을 살리는 이미지 활용법

이미지 중심 PPT의 주연은 단연 그림/사진 개체입니다. 특히 퀄리티 높은 실사 사진은 그 자체로 슬라이드의 완성도를 좌우합니다. 따라서 먼저 활용도 높은 고품질 그림/사진 개체를 구한 후, 적절히 배치하고 연출해줘야 합니다. 이미지가 가진 힘을 십분 끌어내기 위한 활용법에 대해 알아보겠습니다.

1. 황금 분할 구도를 고려해 배치하라

남자 분이라면 여자친구 사진을 찍어줄 일이 종종 있습니다. 이때 여자친구를 화면 속 어느 위치에 두는 것이 좋을까요? 주인공이니까 가운데? 아닙니다. 여자친구에게 칭찬 받는 구도로 사진을 찍으려면 '황금 분할 구도'를 고려하는 것이 좋습니다. 화면을 가로 3등분, 세로 3등분하는 격자 선으로 나누고 선이 교차하는 지점에 피사체를 두는 것입니다.

PPT 디자인도 사진처럼 한 장의 장면을 연출하는 작업입니다. 마찬가지로 '황금 분할 구도'가 적용됩니다. 가상의 가로 세로 3등분선을 그리고 교차점에 중심 이미지나 핵심 메시지를 배치하세요. 간단히 자연스럽고 안정적인 구도를 잡을 수 있습니다.

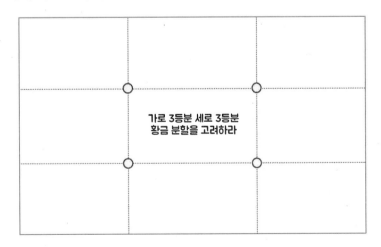

가로 3등분 세로 3등분
황금 분할을 고려하라

이미지 출처: pxhere.com https://pxhere.com/en/photo/876249

2. 이미지 사이즈를 과감하게 사용하라

이미지를 이용한 PPT 디자인이 익숙하지 않은 경우 사진 크기를 어중간하게 두는 경우가 많습니다. 이 경우 이미지는 슬라이드의 주인공이 아니라 적응 못하는 엑스트라로 전락해 버립니다. 안 좋은 의미의 씬스틸러가 되어 버립니다.

슬라이드에 넣을 텍스트가 많지 않고, 이미지가 메시지 전달의 핵심 역할을 할 때는 과감하게 크기를 키워 봐도 좋습니다. 주인공을 주인공답게 활용하는 것입니다. 이를 위해서는 크기를 키워도 깨지지 않을 고해상도 이미지가 필수입니다.

이미지 출처: Photo by Icons8 team on Unsplash

3. 이미지를 가장자리에 배치하라

간혹 테두리가 어중간하게 잘린 이미지를 구할 때가 있습니다. 이런 이미지는 중앙에 배치하거나 슬라이드 측면과 여백을 두게 되면 어색해 보입니다. 아예 여백 없이 슬라이드 가장자리나 아랫부분에 딱 붙이는 편이 낫습니다. 이때 황금 분할 구도를 고려하여 이미지 크기를 적절히 조정하면 보다 효과적으로 배치할 수 있습니다.

이미지 출처: Photo by Thoms William on Unsplash

4. 일부분을 잘라내 활용하라

이미지를 꼭 원본 그대로 사용할 필요는 없습니다. 연출하기에 따라 일부를 잘라내는 것도 좋습니다. 적절히 잘라낸 이미지는 보는 이의 호기심과 상상력을 자극합니다. 슬라이드 공간을 보다 효율적으로 사용하는데도 도움이 됩니다. 또한 불필요한 부분을 자르면 이미지의 중심 주제에 대한 주목도가 높아지는 효과가 있습니다. 잘라낸 부분은 화면의 가장자리나 끝에 여백 없이 맞추면 자연스럽습니다.

이미지 출처: Photo by Jannis lucas on Usplash　　　　　이미지 출처: Photo by Nicole Honeywill on Unsplash

5. 연관성 있는 이미지와 텍스트 조합하라

화면을 구성할 때 이미지만 단독으로 사용하기보다 핵심 메시지나 키워드를 함께 사용하는 편이 전달력이 높습니다. 메시지를 명확하게 해주는 효과를 가지기 때문입니다. 이미지만 사용할 경우, 보는 이마다 다양한 해석을 하게 됩니다. 자칫 기획자의 의도와 다른 지점에 주목하거나 오해를 하게 될 수도 있습니다. 따라서 이미지가 갖는 상징성에 더해 방향성을 부여하는 텍스트와의 협업이 중요합니다.

PPT 슬라이드에서 이미지는 메시지 전달의 촉매 역할을 합니다. 즉, 단순히 예쁜 이미지를 사용하는 것이 능사가 아니라 그것을 통해 표현하고자 하는 바가 더 중요하다는 것입니다. 따라서 먼저 '전하고자 하는 메시지'를 구체화하고 이를 뒷받침하는 연관성과 상징성을 가진 이미지를 선정하여 조합해야 합니다.

이미지 출처: Photo by Alejandro Escamilla on Unsplash

02 디자인을 망치는 이미지의 조건

한편, 이미지를 구하고 활용할 때 꼭 피해야 할 사항이 있습니다. PPT 전체의 질을 떨어뜨리는 이미지의 조건을 알아봅시다. 4가지만 고려해도 디자인을 망치는 이미지를 걸러낼 수 있습니다.

1. 저해상도 이미지를 피하라

해상도가 큰 이미지는 크기를 줄여서 사용할 수 있습니다. 하지만 작은 사이즈의 이미지를 키워 쓸 수는 없습니다. 원본 사이즈보다 크게 조정할 경우 픽셀이 거칠게 깨지기 때문입니다. 억지로 사이즈를 늘려 지저분해진 이미지는 PPT 슬라이드 전체의 품질을 저하시키는 옥에 티가 됩니다. 절대 피해야 할 일입니다. 크기가 최소한 800픽셀×600픽셀, 가급적 1024픽셀×768 픽셀 이상인 이미지를 찾길 권합니다.

▲ 고해상도 이미지

▲ 저해상도 이미지

이미지 출처: Photo by Nathan Dumlao on Unsplash

2. 워터마크가 찍힌 이미지를 피하라

구글 등 포털 사이트에서 이미지를 찾을 경우 저작권이 보호받는 유료 이미지가 검색 결과에 나타날 때가 있습니다. 일반적으로 이러한 상업 사진에는 해당 이미지 소유권을 표시하는 워터마크가 찍혀있습니다.

이런 이미지는 아무리 마음에 들더라도 사용해서는 안 됩니다. 저작권에 대한 침해이기도 하거니와 디자인적으로도 PPT의 격을 떨어뜨리는 요소가 됩니다. 워터마크가 찍힌 이미지를 사용하는 것은 '훔친 수건'이라 적힌 목욕탕 수건을 당당히 쓰는 것과 같습니다.

이미지 출처: Photo by Rayan Almuslem on Unsplash

▲ 저작권 워터마크 이미지 예시

3. 찌그러진 이미지를 피하라

사람의 눈은 예민합니다. 이미지 크기를 조정하는 과정 등에서 비율이 깨진 이미지를 보면 부자연스러움과 불쾌감을 느끼게 됩니다. 이를 피하기 위해 이미지 크기를 조정할 때는 Shift 키를 활용해 비율을 유지해주고, 원본 이미지의 비율이 이상하다 느껴지면 가능한 사용하지 않는 편이 낫습니다. 특히 보고서나 제안서 작성 시 해당 PPT를 받는 측의 회사 로고 비율을 절대 찌그러뜨리지 않도록 주의해야 합니다. 큰 실례가 될 수 있습니다.

이미지 출처: Photo by Javier M. on Unsplash

▲ 찌그러진 이미지

4. 배경이 복잡한 이미지를 피하라

배경이 복잡한 이미지는 '절대 사용 금지' 대상은 아닙니다. 경우에 따라 유용할 수 있습니다. 다만 배경이 복잡할 경우 활용 폭이 제한됩니다. 배경이 단조로운 이미지의 경우 '배경 제거' 기능을 활용해 주 피사체만 남겨 어디에든 어우러지게 만들 수 있습니다. 그러나 배경이 복잡한 이미지는 배경 제거 기능 적용이 어렵습니다. 또한 슬라이드 안에 배치하면 이질적인 느낌을 줍니다.

부득이 배경이 복잡한 이미지를 사용해야 한다면 크기를 키워 슬라이드 전체에 여백 없이 가득 채우는 편이 자연스럽습니다. 그렇지 않다면 모니터 화면 이미지 등과 포개거나 테두리 선을 적용하여 슬라이드 배경의 다른 영역과 구분해주는 것이 좋습니다.

▲ 배경이 단순한 이미지는 '배경제거' 기능을 통해 활용도를 높일 수 있습니다.

이미지 출처: Photo by Dlanor S on Unsplash

 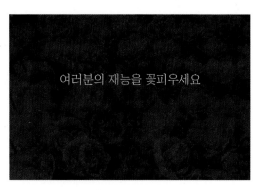

▲ 배경이 복잡하면 '배경제거' 기능 적용이 어렵습니다. 슬라이드 전체를 가득 채워 사용해보세요.

이미지 출처: Photo by Miroslava on Unsplash

T I P

구글 이미지 검색 사용법

자타공인 최고의 검색 도구인 구글에는 이미지 전문 검색 기능이 있습니다. 구글 홈페이지(www.google.com)에 접속해 오른쪽 상단을 보면 '이미지'라는 텍스트가 있습니다. 이를 클릭하면 이미지 전문 검색기로 전환됩니다. 검색창에 키워드를 입력하면 이미지 중심의 결과물이 나옵니다. 구글 이미지 검색기를 제대로 활용하기 위해 고려할 사항은 다음과 같습니다.

(1) 영문 키워드로 검색하라

구글은 전세계인의 검색 포털이지만 아무래도 영미권 사용자가 많습니다. 따라서 영문 키워드로 검색할 때 더욱 풍부한 결과를 얻을 수 있습니다. 검색 결과값의 풀(Pool)을 넓히려면 일단 영문 검색어를 입력하길 권합니다. (❹ Businessman > 회사원)

(2) 검색 이미지 크기 조정

구글 이미지 검색에서는 검색 결과로 보여질 이미지의 최소 크기를 정할 수 있습니다. 검색어를 입력한 후 검색창 아래 [도구]를 클릭한 후 [크기]를 선택합니다. 가급적이면 '큰 사이즈', 최소한 '중간 사이즈' 옵션을 선택하세요. 이는 고해상도 사진을 찾을 때 필히 사용해야 할 기능입니다.

(3) 투명 배경 이미지 찾기: [검색어] 한칸 띄고 PNG

한 이미지로 슬라이드 전체를 가득 채울 것이 아니라면 배경색이 투명한 이미지를 구하는 것이 좋습니다. 따라서 투명도를 나타낼 수 있는 이미지 파일형식인 PNG 이미지 위주로 찾아보기 바랍니다.
구글 이미지 검색에서 '내가 찾기 원하는 검색어 (한 칸 공백) PNG'를 입력하면 확장자가 PNG인 이미지를 찾아줍니다. 이후 구글 검색 [도구]를 클릭한 후 [색상] 옵션에서 [투명]을 선택해주면 더욱 정확하게 투명 배경 이미지를 필터링할 수 있습니다. (❹ 검색어: businessman png)

추천 이미지 공유 사이트

1) UNSPLASH: https://unsplash.com/
2) PIXABAY: https://pixabay.com/
3) MOOSE: https://photos.icons8.com/
4) PEXELS: https://www.pexels.com/
5) FREE IMAGES: https://kr.freeimages.com/
6) STOCK SNAP: https://stocksnap.io/
7) STOCK UP: https://www.sitebuilderreport.com/stock-up

추천 픽토그램 공유 사이트

1) THE NOUN PROJECT: https://thenounproject.com/
2) FLAT ICON: https://www.flaticon.com/

슬라이드 레이아웃 디자인

'디자인(Design)'이라는 단어에는 '설계하다'라는 뜻이 있습니다. PPT를 디자인한다는 것은 무엇을 설계하는 것일까요? '가독성'과 '가이드'입니다. 이 두 가지가 PPT 디자인의 전부라고 해도 과언이 아닙니다.

'가독성'이 좋다는 의미는 보는 이들이 슬라이드에 담은 내용을 쾌적하게 읽을 수 있다는 말입니다. 정보 간의 관계성이나 함의점을 빠르게 캐치하기 용이합니다. '가이드'는 독자의 시선 흐름을 안내하는 것을 의미합니다 PPT 작성자의 의도대로 정보를 순차적으로 해독하도록 하고, 강조한 지점에 눈길을 주도록 하는 것입니다.

가독성과 가이드를 고려한 개체 배치를 '레이아웃'이라 합니다. 레이아웃을 정렬하는 일은 내가 만든 PPT를 보는 청중이나 독자를 설득 지점으로 모셔가기 위해 도로를 평탄화하고 길을 닦는 작업과 같습니다. 보는 이들이 '어떤 순서로 봐야 하지?', '왠지 균형이 안 맞는데?', '화면 구성이 번잡하군'과 같은 딴 생각 대신 내용에 집중하도록 하기 위해 필요합니다.

우리가 안내선, 레이아웃, 색상, 글자 크기나 모양, 오타 등 자잘한 것들을 챙겨야 하는 이유는 단순합니다. 일을 진행하고 완성하기 위해 꼭 전해야 하는 메시지나 정보가 '별것도 아닌 불필요한 요철' 때문에 걸려 넘어지거나 샛길로 빠져버리는 것을 막기 위해서입니다. 일단 잘 읽혀야 전달이 될테니까요.

개체를 어디에 두느냐는 별 것 아닌 듯 보이지만 슬라이드의 균형감과 완성도를 크게 좌우합니다. 무엇보다 독자의 시선에 영향을 미치기 때문에 PPT에 대한 가독성과도 큰 연관관계가 있습니다. 독자의 시선 흐름과 무의식적인 정보 인지 방식을 고려해 디자인한다면, 작성자가 말하고픈 의도를 원활하고 효과적으로 전달할 수 있을 것입니다. 잘 읽히고 친절히 가이드하는 PPT를 만들기 위한 레이아웃 구성 팁을 몇 가지 살펴보겠습니다.

01 시선의 흐름을 고려한 레이아웃 설계

먼저 고려해야 할 사항은 시선입니다. 사람들이 평소에 정보를 읽어가는 익숙한 흐름을 염두에 두면 자연스럽고 효과적인 PPT 레이아웃을 구성할 수 있습니다.

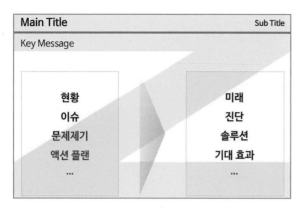

▲ Z자 시선 흐름

1. 왼쪽에서 오른쪽으로, 위에서 아래로

독자의 시선은 왼쪽에서 오른쪽, 위에서 아래로 흐르며 전체적으로 Z자 모양을 그립니다. 글을 읽는 방향을 연상하면 됩니다. 시선 흐름은 자연히 메시지에 방향성을 부여합니다. 방향성은 해석 순서나 시간 흐름과 연결됩니다.

예를 들어, 작업 프로세스와 같이 순서를 표시해야 하거나 n개년 매출 추이 차트처럼 시간 개념이 포함된 슬라이드를 만드는 경우를 떠올려봅시다. 왼쪽에서 시작해 오른쪽으로 갈수록 단계가 심화되거나 연도가 더해집니다. 내용을 수직으로 배치할 때도 마찬가지입니다. 진행 방향, 시간의 흐름, 순위 등이 위에서 시작해 아래에서 종료됩니다.

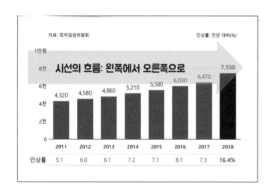
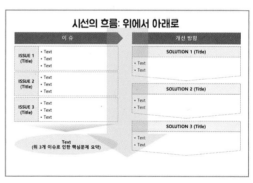

시선은 좌에서 우로, 위에서 아래로 흐릅니다.

이는 독자의 무의식에 각인된 정보 해석 습관입니다. 자신도 모르게 자연스레 그렇게 합니다. 만약 PPT에 제시된 정보 위치, 흐름이 통념과 다를 경우 부자연스러움과 혼란을 느끼게 됩니다. 정보 해석의 효율성도 현저히 낮아집니다. 따라서 시선의 진행 경로와 사람들의 정보 해석 방식을 고려할 필요가 있습니다.

2. 밀도가 높은 개체에서 낮은 개체로

PPT 디자인에는 다양한 개체들이 사용됩니다. 한 슬라이드에 다수의 개체가 배치되어 있을 때, 독자들은 색상, 해상도, 소리, 동작 등 시선을 끄는 요소(이후 '밀도'라고 표현하겠습니다)를 많이 가진 개체를 먼저 보게 됩니다. 그리고 오래 주시합니다.

밀도가 높은 개체는 다채로운 표현 방식으로 정보를 전달하며 보다 쉽게 인지 및 해석됩니다. 같은 화면에 여러 종류의 개체가 제시될 때 밀도에 따라 독자는 ① 움직이는 영상 → ② 이미지 → ③ 도형 → ④ 텍스트 순으로 시선을 옮깁니다. 대개의 경우 밀도가 높은 개체일수록 파일 크기가 커집니다. 표현을 위한 수단과 정보를 많이 가지고 있기 때문입니다. 그러니 개체의 밀도에 대해 고려할 때 파일 용량 순이라고 생각하면 기억하기 쉽습니다.

▲ 밀도 순서

3. 차이 나는 곳으로

슬라이드에서 특정 영역에만 색이 칠해져 있거나 나열된 도형 중 하나만 모양이 다르다면 독자는 자연히 그 지점에 눈길을 줍니다. 차이에 주목하게 되는 것입니다. 이런 원리를 적용해 디자인 시 '차별화를 통한 강조'를 할 수 있습니다.

▲ 차별화를 통한 강조

4. 인물 이미지의 시선이 향하는 곳으로

PPT를 만들며 인물 이미지를 사용하는 경우가 있습니다. 이미지에 불과할지라도 독자는 본능적으로 인물의 눈을 바라봅니다. 이후 인물이 바라보는 방향을 따라 시선을 옮깁니다. 이 점을 고려하여 전달하고자 하는 핵심 메시지를 인물 이미지의 시선 방향에 두면 자연스럽게 독자를 유도할 수 있습니다. 반면, 의도적으로 메시지의 전달력을 낮추고 싶을 때는 시선의 방향에서 분리하기도 합니다.

아이를 키운다는 일은
꿈을 키우는 일입니다

아이를 키운다는 일은
꿈을 키우는 일입니다

▲ 인물 시선 끝에 핵심메시지 위치

▲ 시선 방향이 반대라 부자연스러움

이미지 출처: Photo by Henley Design Studio on Unsplash

정면을 직시하는 인물 이미지는 그 자체의 주목도가 매우 높으니 사용에 유의해야 합니다. 간결하고 임팩트 있는 메시지와 시너지가 나면 강조 효과를 발휘하지만, 자칫하면 이미지가 시선을 독점하여 메시지에 대한 인상을 희미하게 만듭니다.

이미지 출처: Photo by Md Mahdi on Unsplash

▲ 정면을 직시하여 강렬한 인상을 주지만 자칫하면 메시지 주목도가 낮아질 수 있습니다.

02 내용 성격에 따른 레이아웃 설계

독자는 '글은 왼쪽에서 오른쪽으로 읽는다'와 같은 공통적인 규약을 바탕으로 정보를 해석한다 했습니다. 이러한 '통념'에 의해 위치에도 의미가 부여됩니다. 그러니 레이아웃을 구성할 때 배치하는 개체의 역할, 내용 등에 따라 위치를 결정하면 메시지 전달력이 높아질 수 있습니다.

왼쪽	오른쪽
Negative & Wrong	Positve & Right
과거 (시계열상 이전)	미래 (시계열상 이후)
문제 & 이슈	진단 & 솔루션
개념 (Brief)	세부 사항 (Detail)
액션 플랜	기대 효과
...	...

1. 과거/개념/이슈는 왼쪽에

슬라이드 영역을 반으로 접어 왼쪽과 오른쪽을 나눈다고 가정해봅시다. 본문 내용에 시간, 순서 속성이 있다면 왼쪽은 오른쪽에 비해 시계열상 과거입니다. 개념과 그에 대한 세부 설명을 하는 장표에서는 '개념'이 위치합니다. 시선을 따라 오른쪽으로 정보를 해석해갈수록 디테일한 내용을 풀어가는 것입니다. 또한 통념적으로 부정적인 것(Negative)과 긍정적인 것(Positive)을 비교할 때는 '문제 이슈', '개선점' 등 부정적 의미를 가진 내용이 왼쪽에 배치됩니다.

2. 미래/세부사항/솔루션은 오른쪽에

대칭을 이루는 오른쪽은 이와 반대입니다. 시간이 좌에서 우로 흐르므로 왼쪽에 비해 미래를 다루는 내용이 오른쪽에 옵니다. 왼쪽에서 다루는 개념이나 자료에 대한 보다 구체적인 설명도 오른쪽에서 주로 이뤄집니다.

또한 오른쪽은 긍정적인 이미지가 있습니다. '오른쪽'과 '올바르다'를 의미하는 영어 단어(Right)가 같다는 점을 연상해보세요. 왼쪽에 문제나 개선점이 배치된다면, 오른쪽에는 이에 대한 해결책, 대응 전략, 개선 후 이미지 등이 나오게 됩니다.

03 **무게 중심을 고려한 레이아웃 설계**

여백을 과감하게 사용하는 PPT의 경우, 본문을 구성하는 개체 그룹이 슬라이드 영역의 어디에 놓이냐에 따라 느낌이 판이하게 달라집니다. 어떤 슬라이드는 보기에 편안하고 안정적인 반면, 어떤 슬라이드는 뭔가 비어 보이거나 불균형해 보이게 됩니다.

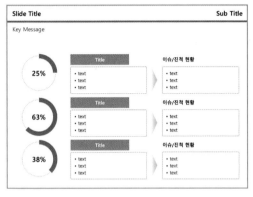

▲ 정중앙에 위치해 안정적인 레이아웃

▲ 우측에 치우쳐져 불완전한 인상을 주는 레이아웃

1. 중앙 정렬

가장 표준적인 정렬 형태입니다. 슬라이드의 무게 중심을 잡아 안정감을 줍니다. 또한 독자의 시선을 집중하게 만드는 효과가 있습니다. 중앙 정렬을 할 때에는 좌우 여백을 동일하게 설정하는 것이 중요합니다.

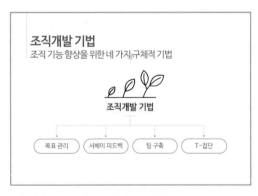

▲ 중앙에 위치하여 안정적인 느낌을 줍니다.

▲ 우측으로 치우쳐져 미완성된 느낌을 줍니다.

이미지 출처: Photo by Sam Moqadam on Unsplash

▲ 이미지를 중앙에 배치하고 좌우 여백을 충분히 주어 시선집중을 유도합니다.

T I P

손 쉽게 본문 개체 중앙 정렬하기

1) 디자인이 끝난 본문 개체들을 하나로 그룹화(Ctrl + G)합니다.
2) 정렬 옵션 중 '개체 가운데 맞춤'을 클릭합니다.
   (리본 메뉴 [서식] 탭 클릭 후 [맞춤] 기능에서 찾을 수 있습니다)
3) 개체가 슬라이드 가로 기준 정중앙에 위치하게 됩니다.

2. 대칭형 정렬

슬라이드 영역 '위아래' 또는 '좌우'에 개체를 배치하여 전체적인 균형감을 주는 레이아웃입니다. 밀도나 크기를 동등하게 배치하는 방식뿐만 아니라 의도적으로 이를 달리 두어 시선의 흐름을 유도할 수도 있습니다. 예를 들어 좌측보다 우측의 개체가 작은 경우 '왼쪽에서 논의한 내용이 수렴, 정리'되는 느낌을 줍니다. 반대의 경우에는 '왼쪽에서 제시한 사항에 대한 보다 자세한 사항으로 확산'하는 전개를 할 수 있습니다.

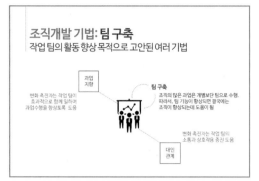 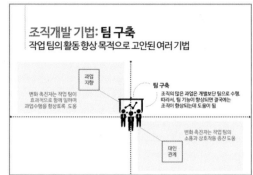

▲ 왼쪽 상단과 대칭되는 우측 하단에 정보를 배치했습니다.

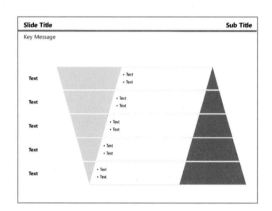 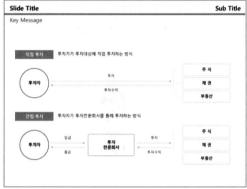

▲ 좌우 대칭을 고려한 디자인과 상하 대칭을 고려한 디자인입니다.

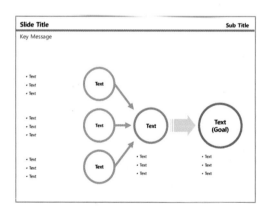

▲ 오른쪽 개체의 크기가 작아 수렴되는 듯한 느낌을 줍니다.

3. 왼쪽 정렬

중앙 정렬 못지않게 자주 쓰이는 형태입니다. 줄글 형식의 텍스트 비중이 높은 PPT에 주로 사용되는 레이아웃입니다. 텍스트를 왼쪽에서 오른쪽으로 읽어가는 방식이 보편적이기 때문입니다. 또한 여러 줄의 문장 길이가 각각 다를 때 왼쪽 정렬을 하면 글의 시작 지점이 균일하여 깔끔한 인상을 준다는 점도 장점입니다. 텍스트를 왼쪽 정렬 시에는 '시선의 시작점'인 상단부터 글을 작성하길 권합니다.

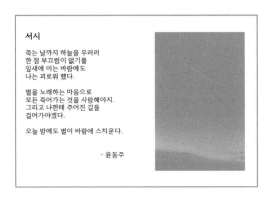 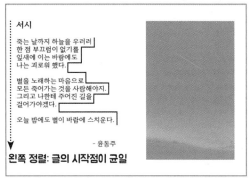

이미지 출처: Photo by Diego PH on Unsplash

4. 오른쪽 정렬

개체를 슬라이드 영역 오른쪽 여백선에 맞춰 배치하는 레이아웃입니다. 주로 영상, 이미지 등 밀도가 높은 개체를 활용할 때 사용합니다. '시선의 종착점'인 우측 하단에 배치하여 슬라이드의 무게 중심을 잡는 것입니다. 이때, 왼쪽 상단에 슬라이드 제목 등을 적어 대각선으로 '대칭 구조'를 이루게 하면 보다 균형감이 생깁니다.

단, 텍스트 분량이 많을 때 오른쪽 정렬을 적용할 경우 시선이 시작하는 왼쪽 세로선이 들쑥 날쑥해 가독성이 낮아지므로 주의가 필요합니다.

 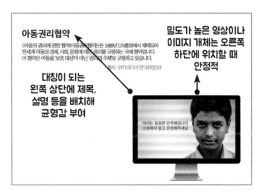

▲ 밀도가 높은 이미지 개체를 오른쪽 하단에 배치했습니다.

 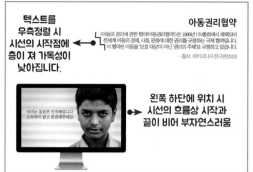

▲ 밀도가 높은 이미지 개체가 왼쪽 하단에 위치 시 상대적으로 부자연스럽습니다.   이미지 출처: Photo by Md Mahdi on Unsplash

 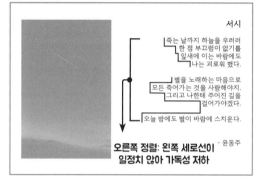

▲ 시선이 왼쪽에서 시작하므로 텍스트는 우측 정렬보다 좌측 정렬이 좋습니다.   이미지 출처: Photo by Diego PH on Unsplash

5. 사각형과 삼각형

본문의 개체 배치는 기본적으로 가장 균형감 있고 안정적인 사각형 형태를 띱니다. 단, 메시지가 확산되거나 집중될 경우 삼각형 형태를 취하기도 합니다. 삼각형은 꼭짓점에 시선이 집중되는 구조입니다. 꼭짓점 끝에 핵심 키워드를 두면 주목도가 높아지고 강조되는 효과가 있습니다.

개체 배치를 삼각형 형태로 하면 시선이 시작되는 상단 꼭짓점을 중심으로 하부 구조가 파생(확산)되는 형태를 나타낼 수 있습니다. 반대로, 역삼각형 배치를 하면 퍼져있던 개념들이 꼭짓점을 향해 수렴(집중)된다는 메시지를 표현할 수 있습니다.

다만, PPT 작성자의 의도를 담아 디자인하는 경우가 아니라면 일반적으로 본문 하단은 상단부보다 넓게 하거나, 밀도 높은 개체를 배치하여 무게 중심의 안정감을 주는 것이 좋습니다. 윗부분이 넓고 아랫부분이 좁은 역삼각 형태일 경우 자칫 '쓰러질 것 같은' 긴장감을 자아낼 수 있습니다.

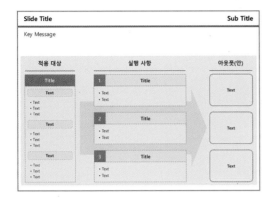

▲ 사각형 레이아웃 예시

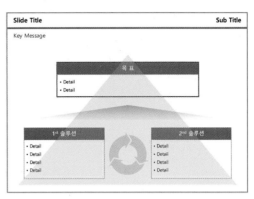

▲ 삼각형 레이아웃 예시

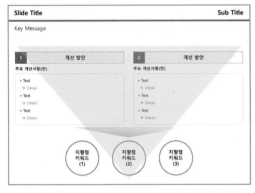

▲ 역삼각형 레이아웃 예시

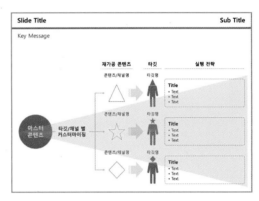

▲ 누운 삼각형 레이아웃 예시

07 슬라이드의 숨길, 여백 설정

'여백'은 레이아웃을 잡을 때 우선적으로 설정해줘야 하는 영역입니다. 안내선 기능을 이용해서 PPT의 위아래, 그리고 좌우에 적당히 빈 공간을 마련해주시기 바랍니다. 슬라이드에 담아야 할 정보가 많더라도 이 여백은 침범하지 않는 것이 좋습니다.

PPT에 담아야 할 정보가 많으면 조금의 공간이라도 아쉬울 수 있습니다. 그럼에도 여백을 설정하는 이유는 '가독성' 때문입니다. 슬라이드의 테두리 공간까지 전부 사용해서 빽빽하게 텍스트와 개체를 배치하면 굉장히 답답해 보이게 됩니다. 제대로 보기도 전에 거부감이 듭니다.

적절히 잡아놓은 여백은 문서의 숨통을 틔워줍니다. 그리고 보는 이의 시선을 가운데로 집중시켜주는 효과도 있습니다. 이 차이는 생각보다 큽니다.

▲ 여백이 없어 답답해 보입니다.

▲ 여백에 의해 시선이 집중됩니다.

PPT 슬라이드는 읽혀야 합니다. 그래야 작성자가 그 안에 담은 고민과 노력이 비로소 빛을 발합니다. 보는 사람이 지레 부담을 느껴 도망가게 만들어서는 안 됩니다. 가독성을 해치지 않는 선에서 개체와 텍스트 크기를 다소 줄이는 한이 있더라도 여백을 침범하지 않길 권합니다. 차라리 불필요한 내용을 덜어내는 편이 낫습니다. 버릴수록 선명해집니다.

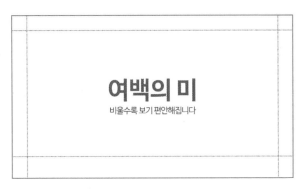

▲ 여백 표시

새문서를 열면 위 예시처럼 하얀 슬라이드 영역에 안내선(Alt + F9)으로 사각형 틀을 표시하기 바랍니다. 이 틀 안쪽 영역이 작업 공간입니다. 이때 좌우 여백의 크기는 동일하게 하되, 위아래 여백의 크기는 경우에 따라 달라져도 무방합니다.

예를 들어 인쇄를 전제로 하는 실무 PPT를 작성할 때는 위아래 여백까지 똑같이 맞추는 것이 일반적입니다. 반면, 발표를 목적으로 하는 프레젠테이션 PPT는 의도적으로 하단 여백을 넓게 잡아두기도 합니다.

왜일까요? 대개의 발표 환경은 평평하여 계단식 강의장이 아니라면, PPT 아래 부분이 앞사람에게 가려 보이지 않을 수 있기 때문입니다. 이때, 청중에게 꼭 전달해야 하는 정보나 강조하고 싶은 핵심 메시지를 하단에 배치하게 되면 뒤에 있는 사람에겐 제대로 전달되지 않을 가능성이 있습니다.

반면 실무 PPT는 종이에 인쇄하거나 태블릿 PC, 혹은 개인 모니터를 통해 보기 때문에 앞사람의 방해를 고려할 필요가 없습니다. 그러니 프레젠테이션용 PPT에 비해 공간을 전체적으로 활용해도 무방합니다. 오히려 실무 PPT에서는 아래 여백을 너무 넓게 설정하면 부자연스러워집니다.

▲ 발표용 PPT의 경우 현장 상황에 따라 하단에 배치한 정보가 가려질 수 있습니다.

세련된 PPT 메이크업을 위한, 색상 활용

PPT 디자인 시 가장 어려운 영역 중 하나가 '색상(Color)'입니다. 어떤 색을 사용하느냐에 따라 PPT에 세련미가 더해지기도 하고 촌스러워지기도 합니다. 또한 색상은 제각각의 의미를 갖습니다. 정체성의 표현 수단으로 사용되기도 합니다. 디자인할 때 이를 함께 고려하면 보다 강력한 설득의 무기로 활용할 수 있습니다.

색상을 잘 조합하고 다루려면 색상 조합 사례를 많이 보는 것이 좋습니다. 이를 위해 관심이 필요합니다. 우리는 무궁무진한 디자인 사례에 둘러싸여 살아갑니다. 갖가지 상품, 간판, 광고 등 주위를 둘러보면 수 많은 레퍼런스가 있습니다. 눈 여겨보다 보면 내 눈에, 그리고 다른 사람들의 눈에 좋아보이는 색 조합과 그렇지 않은 색 조합의 차이가 점점 느껴질 것입니다.

하지만 색채 감각은 하루 아침에 생기지 않습니다. 그에 반해 PPT 작업은 당장 해야 하는 일입니다. 디자인 시 고려하면 최소한의 품질을 담보하는 색상 활용의 기본기부터 알아봅시다.

01 **색상 대비를 고려하라: 배경이 밝다면 본문은 어둡게, 배경이 어두우면 본문은 밝게**

배경과 본문 색상의 대비를 고려해야 합니다. 쉽게 말해 배경 색상이 밝다면 본문의 개체는 어두운 색을 사용해야 눈에 띕니다. 반면, 배경 색상이 어둡다면 본문의 개체는 밝은 색상을 적용해야 합니다. 바탕 색과 텍스트 색을 예로 들어 몇 가지 표준 조합을 제시한다면 다음과 같습니다.

검정색 배경에는 하얀색 폰트가 기본
강조는 연주홍과 노란색 계통으로

하얀색 배경에는 검정/회색 폰트가 기본
강조는 빨강과 핫핑크 계통으로

기본 폰트가 회색이면
검정색으로도 강조 가능

1. 검정 바탕 – 하얀 기본 텍스트

바탕 색이 검은색에 가까우면 텍스트 색은 '하얀색'이 기본입니다.

2. 검정 바탕 – 노랑/연주홍 강조 텍스트

검은색 바탕을 배경으로 할 때 텍스트에서 강조하려는 부분은 노란색 혹은 연주홍색을 사용하는 것이 좋습니다. 흔히 강조색으로 자주 사용하는 빨간색의 경우, 어두운 배경에서는 대비 효과가 두드러지지 않습니다. 오히려 바탕색에 묻혀 가독성이 떨어집니다.

3. 하얀 바탕 – 진회색/검정 기본 텍스트

배경이 하얀색이나 밝은 계통일 때 기본 텍스트 색은 검정을 주로 사용합니다. 다만 화면 안에 검정 텍스트 비중이 높아지면 빽빽해 보여 답답하다는 느낌을 주기도 합니다. 이런 때에는 본문 텍스트 색상을 진회색으로 하고 간혹 강조해야 하는 문구에만 검은색을 적용해도 좋습니다. 이 경우 톤다운 되어 슬라이드의 인상이 한결 부드러워집니다. 또한 보다 진한 검은색을 사용한 부분이 두드러지게 되어 색상 개수를 최소화하면서도 강조 효과를 누릴 수 있습니다.

4. 하얀 바탕 – 빨강/핫핑크 강조 텍스트

하얀색 배경을 바탕으로 할 때, 빨간 계통 텍스트는 눈에 잘 띕니다. 강조색으로 제격입니다. 반면, 검정 바탕에서 강조 색상으로 활약하던 노란색과 연주홍색은 하얀색이 배경일 때는 대비 효과가 발휘되지 않아 거의 보이지 않게 됩니다.

02 **색상 종류는 3~5개로 한정하라: 적게 쓸수록 단정해지고 많이 쓸수록 산만해지는 색**

한 화면에 너무 많은 색을 사용하면 매우 산만하고 번잡해보이기 쉽습니다. 한 PPT를 디자인할 때 전반적으로 사용하는 색상이 3~5가지를 넘지 않도록 하길 권합니다. '컬러 내비게이터'를 만들어 사용할 색상을 정해두는 것도 유용한 방법입니다.

너무 많은 색은 슬라이드를
매우 산만하고 번잡해보이게 합니다

T I P

컬러 내비게이터

'컬러 내비게이터'는 슬라이드 전체에 일관된 색상 톤을 유지하기 위해 사용하는 장치입니다.

1) 사각형 도형을 삽입 후 복제(Ctrl + D 키)하여 총 5개를 나열합니다.
2) 리본 메뉴 [서식] 탭의 [도형 채우기] 기능을 클릭하여 각 개체에 PPT 디자인에 사용할 색상을 각각 적용하세요.
3) 5개 색상을 채운 사각형을 화면 바깥에 위치시킵니다.
4) 이후 작업 시 색상 적용이 필요할 때 [스포이트] 기능으로 이 사각형(컬러 내비게이터)에서만 색을 추출해 활용합니다.

※ 이때 컬러 내비게이터 역할을 하는 사각형들을 [마스터 슬라이드 모드]의 [마스터]나 [레이아웃] 영역에 세팅하는 것도 좋은 방법입니다. 이렇게 하면 디자인 작업 시 의도치 않게 컬러 내비게이터 개체를 클릭하는 실수를 방지할 수 있습니다. 또한 모든 작업이 끝난 후 컬러 내비게이터를 지우고자 할 때, 마스터에서 한 번만 삭제하면 일괄적으로 제거되므로 작업 효율성이 매우 높아집니다.

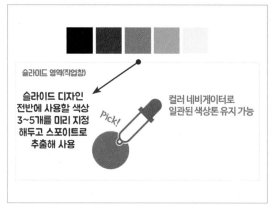

▲ 컬러 내비게이터

03 명도 차이를 활용하라: 색상 톤을 유지하며 다채로움을 더하는 법

명도는 색상의 밝기를 의미합니다. 제한된 색상 사용에 따라 표현에 제약을 느낀다면, 컬러 톤은 유지하되 명도의 변화를 주어 구분할 수 있습니다. 색상 사용의 일관성을 지키며 강약을 조절하는 방법입니다. '연한 회색–진한 회색–검은색'과 같은 모노톤이 한 예입니다.

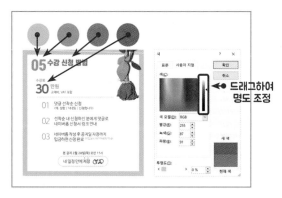

▲ 명도 조정

색상 명도값 조절 방법

1) 색상을 변경할 개체를 선택합니다.
2) 리본 메뉴 [서식] 탭에서 [채우기] 또는 [윤곽선] 메뉴를 클릭합니다.
3) 색상 선택 옵션 중 [다른 채우기/윤곽선 색]을 클릭합니다.
4) [색] 설정창이 열리면 [사용자 지정] 탭을 선택합니다.
5) 컬러 스펙트럼 오른쪽의 조정 막대를 드래그해 명도를 조정할 수 있습니다.

04 원색보단 파스텔톤을 사용하라: 직설적인 색은 촌스러움을 더하고 부드러운 색은 세련미를 더한다

샛빨강, 샛노랑, 샛초록, 샛파랑 등 원색을 그대로 사용하면 디자인이 촌스러워집니다. 각 색상의 개성이 강해 좀체 서로 어우러지지 않고 색감이 강해 눈을 아프게 합니다. 이런 단점을 보완하기 위해 원색보다는 컬러 톤을 낮춘 '파스텔 톤'으로 색상을 구성하는 것이 좋습니다.

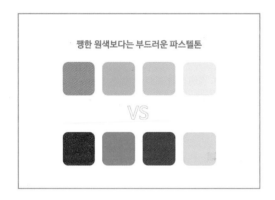

05 기업의 브랜드 컬러를 활용하라: 색상에 상대에 대한 관심과 배려를 담아라

소속 회사의 내부 문서나 클라이언트에게 제출할 PPT 자료를 만들 때는 해당 기업의 브랜드 컬러를 활용하면 좋습니다. 브랜드 컬러란 조직의 가치와 지향점을 담은 상징색을 말합니다. 예를 들어 삼성의 파란색, LG의 자주색, 네이버의 밝은 연두색, 카카오의 노란색 등 특정 회사를 생각할 때 떠오르는 색상이 있을 것입니다.

브랜드에 대해 관심을 갖고 관리하는 회사라면 대부분 홈페이지에 브랜드 컬러의 색상값(RGB)을 공개하고 있습니다. BI(Brand Identity) 또는 CI(Corporate Identity) 항목을 찾아보면 됩니다. 만약 회사 소개 페이지에 별도의 브랜드 컬러에 대한 안내가 없다면 로고 색상이나 홈페이지에 주로 사용된 색상을 디자인에 활용해도 좋습니다. 파워포인트의 [스포이트] 기능을 활용하면 손쉽게 색상을 추출하고 개체에 적용할 수 있습니다.

▲ 사내 문서나 제안서를 만들 때는 CI(로고) 색상을 추출해 활용해보세요.

이미지 출처: SK 홈페이지 http://www.sk.co.kr/ko/media/ci.jsph

TIP

색상 조합을 도와주는 어도비 컬러

어도비 컬러(Adobe Color)는 포토샵, 일러스트레이터 등 그래픽 툴로 유명한 어도비 사에서 운영하는 색상 조합 공유 사이트입니다. 키워드로 색상 조합을 검색하거나 이미지를 업로드하여 어울리는 색을 추출할 수 있습니다.

먼저 어도비 컬러 사이트에 접속해보세요. 주소는 http://color.adobe.com/ 입니다.

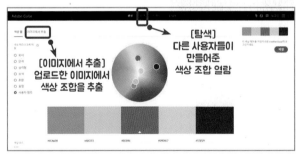

▲ 어도비 컬러 메인

(1) 이미지에서 색상 조합 추출하기

▲ 이미지에서 색상 추출

1) 어도비 칼라 메인 화면([생성] 메뉴) 왼쪽 상단의 [이미지에서 추출]을 클릭합니다.
2) [파일 선택]을 클릭해 직접 선택하거나 화면에 파일을 드래그해 넣어 이미지를 불러옵니다.
3) 자동으로 해당 이미지에서 조화로운 색상값을 찾아 제시해줍니다.

(2) 색상 조합 검색하기

▲ 색상 조합 검색

1) 화면 상단의 [탐색] 메뉴를 클릭합니다.
2) 화면 전환 후 상단의 [검색창]에 원하는 키워드를 입력합니다. 예를 들어 'Passion'(열정)이란 단어를 검색해보겠습니다.
3) 해당 단어와 연관되는 색상 조합들이 나타납니다.

마음에 드는 색상 조합을 찾으면 캡처 프로그램 등을 통해 해당 부분을 PPT 슬라이드에 불러옵니다. 이후 [스포이트] 기능을 이용해 디자인에 이용하면 됩니다.

09 디자인 사칙연산: 디자인의 시작과 끝을 함께 하는 기본 원칙

PPT 디자인을 위한 원리와 스킬들은 다양합니다. 너무 많다보니 오히려 막상 작업할 때 무엇에 우선순위를 두고 적용해야 할지 헷갈리기도 합니다. 이번 장에서는 사칙연산(덧셈, 뺄셈, 곱셈, 나눗셈)에 빗대어 더 보기 좋은 디자인을 만들어주는 4가지 원칙을 소개하겠습니다. PPT를 만드는 과정에서 염두에 두고, 작업을 마무리한 후 점검 단계에서 이 원칙들에 비추어 디자인을 체크하는 방식으로 활용해보기 바랍니다.

텍스트에 비주얼 요소를 더하라

불필요한 것들은 최대한 덜어내라

강조해야할 부분만 확실하게 강조하라

넣을 정보가 많다면 과감하게 나눠라

01 (+)덧셈의 원칙: 텍스트 요소에 비주얼 요소를 더하라

첫째는, 텍스트와 비주얼을 조합하는 것입니다. 텍스트에 그림, 사진 등 비주얼 요소를 더하고, 비주얼 요소에 텍스트를 더하는 것을 기본으로 생각하기 바랍니다. 텍스트와 비주얼 요소는 대립 관계가 아니라 보완 관계입니다.

텍스트 일변도의 PPT는 답답해 보이는데다 정보 과잉입니다. 읽기 불편합니다. 독자는 보기 전에 이미 질려버립니다. 반면 이미지 같은 비주얼 요소만 덩그러니 놓인 PPT는 독자가 정보를 해석하는데 한계가 있습니다. 발표자가 없다면 무슨 소리하는지 모를 반쪽짜리 슬라이드가 됩니다.

도해, 이미지, 차트 등의 비주얼 요소는 텍스트에 담긴 정보와 메시지가 독자에게 보다 직관적으로 스며들게 도와줍니다. 텍스트는 이미지 해석의 방향성을 잡아주고 그림으로 표현할 수 없는 팩트 정보 전달을 뒷받침합니다. 이 둘이 유기적으로 연결될 때 전달력이 높아지고 자연히 기억에 더 잘 남게 됩니다.

02 (−)뺄셈의 원칙: 불필요한 것들은 최대한 덜어내라.

둘째, 뺄셈의 원칙은 '덜어내고, 덜어내고, 덜어내라!'는 말로 요약할 수 있습니다. 하나의 프레젠테이션 자료를 만들기 위해 우리는 참 열심히 일합니다. 이런 저런 자료를 찾아보고, 인맥을 동원해 의견을 들어보고, 사안에 대해 다각도로 시뮬레이션해 보기도 합니다. 그뿐이 아닙니다. 참고할만한 관련 경험을 되새겨보기도 합니다. 퇴근 후나 주말에도 쉼 없이 고민하거나 일하는 것도 예사입니다.

이러다 보면 PPT에 담고 싶은 것들이 많아집니다. 내 노력의 흔적들을 분량으로 보여주고 싶다는 욕심이 생깁니다. 이것도 중요하고, 저것도 중요하니 눈에 잘 띄도록 강조하고 싶은 부분도 많아집니다. 자연스러운 일입니다. 하지만 동시에 피해야 할 일이기도 합니다. 양만 많지 맥락을 읽기 어렵고 알록달록해 번잡한 PPT를 만들어 버리게 됩니다.

아이러니하게도, 꼭 전달하고자 하는 중요한 메시지는 불필요한 가지를 쳐낼수록 선명하게 드러나게 됩니다. 특히 바쁘고 신경 쓸 것이 많은 상위 의사결정자를 위한 PPT일수록 핵심만 담아 분량을 줄여야 합니다. 디자인 측면에서도 마찬가지입니다. 꼭 봐야 할 항목으로 독자의 시선을 인도하려면, 불필요한 디자인 요소를 덜어내야 합니다. 슬라이드에 담는 모든 개체가 주인공일 수는 없습니다. 뺄수록 메시지의 힘은 강해지고 전달 속도는 빨라진다는 점을 꼭 기억하기 바랍니다.

03 (X)곱셈의 원칙: 강조해야 할 부분은 확실하게 강조해주어라.

셋째, 곱셈의 원칙은 중요한 부분에는 강조 요소를 듬뿍! 확실하게 강조하라는 뜻입니다. 강조란 눈에 띄어야합니다. 그런 면에서 곱셈의 원칙은 뺄셈의 원칙과 합이 잘 맞습니다. 어떤 부분에 대해 강조하려면 주변의 불필요한 가지는 제거하고 주인공에겐 아낌없이 하이라이트 요소를 부여해야 합니다.

04 (÷)나누기의 원칙: 넣을 정보가 많다면 과감히 나누어라.

마지막은 나누기의 법칙입니다. 한 장에 들어갈 내용이 너무 많다? 그러면 과감히 나누시기 바랍니다. 프레젠테이션의 원칙 중 '원 슬라이드, 원 메시지(One slide, one message)'라는 말이 있습니다. 슬라이드 한 장에 너무 많은 메시지를 담지 말고 하나에 집중하라는 것입니다.

한 슬라이드가 너무 다양한 사안을 품고 있다 보면 산만해지게 됩니다. 많은 내용을 한 페이지에 담으려다 보니 화면이 빽빽해져 가독성이 낮아지고, 자연히 독자들의 집중력까지 떨어뜨리게 됩니다. 그러니 페이지를 나누든 개체의 배치나 선을 활용해 정보를 구분지어 줄 필요가 있습니다. 한 장에서 전해야 할 말이 너무 많다면? 과감히 페이지를 나누길 권합니다.

POWERPOINT

Wrap-up
: 파워포인트 작업의
시작과 끝, 그리고

01 새 PPT 문서 작업, 이렇게 시작하세요

새로운 PPT 문서를 만들기 위해 파워포인트를 열면 하얀 백지에 제목과 부제목 입력란만 덩그러니 놓여있는 것을 볼 수 있습니다. 막상 일을 하려 하면 어디서부터 시작할지 막막합니다. 천리길도 한 걸음부터라는데 어떻게 그 한걸음을 떼어야 효율적으로 작업을 이어갈 수 있을지 고민이 됩니다. 그러다 이내 '일단 하지, 뭐'하며 '제목 텍스트 칸'에 냅다 내용을 작성해 나갑니다.

STOP! 지금부터는 백지에서 새문서를 만드신다면 다음 프로세스에 따라 '작업 환경'을 세팅하길 권합니다. 노련한 나무꾼은 나무를 하기에 앞서 잠시 시간을 들여 도끼날을 갈고 주변을 정리한다고 합니다. 파워포인트 업무도 이와 같습니다. 간단하게라도 마스터와 레이아웃을 정비하고 슬라이드 크기를 세팅하는 등 몇 가지 사전 준비를 하는 습관을 들인다면 보다 효율적으로 작업할 수 있습니다.

[1단계] 새 문서의 제목, 부제목 삭제

먼저 새문서를 열었을 때 기본적으로 삽입되어 있는 '제목'과 '부제목' 입력란을 삭제합니다. 이 둘은 일반적인 텍스트 상자가 아닙니다. 마스터의 레이아웃 영역과 연동되어 있습니다. 마스터에 대한 이해가 깊지 않다면 삭제하고 텍스트 상자를 따로 삽입하는 것이 깔끔합니다.

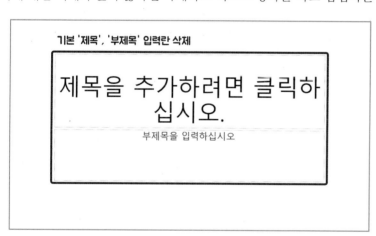

[2단계] 슬라이드 크기 변경^{50page}

두 번째로 '슬라이드 크기'를 설정합니다. 개체를 배치한 후 슬라이드 크기를 변경하면 각 개체의 크기와 위치가 틀어집니다. 이를 다시 정리해줘야 하는 수고가 듭니다. 이런 비효율을 방지하기 위해 슬라이드 크기 변경은 필히 작업 시작 시점에 하기 바랍니다.

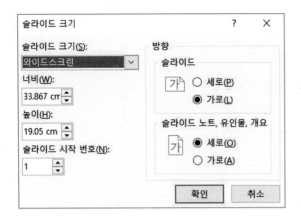

[3단계] 마스터 세팅 ^{57page}

다음으로 마스터 영역에서 레이아웃을 정비합니다. 리본 메뉴 [보기] 탭을 선택한 후 [슬라이드 마스터]를 클릭하세요. 슬라이드의 기본 구조와 서식을 설정할 수 있는 '슬라이드 마스터' 영역이 나타납니다.

슬라이드 마스터에서 할 일은 두 가지입니다. 첫째, 불필요한 레이아웃을 삭제합니다. 둘째, 필요한 레이아웃을 새로이 세팅합니다. 레이아웃은 말 그대로 슬라이드의 주요 서식입니다. 각 페이지의 목적에 따라 개체가 배치될 위치를 미리 지정하거나 작업창(슬라이드 영역)에서 선택되면 안 될 배경 개체(⑩ 로고, 장식용 패턴 등)를 위치시킵니다. 필요한 레이아웃을 설정하는 과정을 통해 나만의 PPT 템플릿이 만들어집니다.

1. 필요 없는 기본 레이아웃 전부 삭제

❶ 가장 상단에 위치한 '마스터'의 본문 틀을 삭제합니다.
❷ 첫 번째 레이아웃의 본문 틀도 삭제합니다.
❸ 이후 첫 번째 레이아웃을 제외한 나머지를 삭제합니다.

2. 필요한 레이아웃 세팅

❶ 남겨둔 레이아웃 슬라이드를 필요한 만큼 복제(Ctrl + D)합니다. 대표적인 레이아웃으로 '표지', '목차', '간지(챕터 구분용 중간 표지)', '본문(종류별)' 등이 있습니다.
❷ 각 레이아웃 슬라이드의 목적에 맞춰 배경색, 장식 요소, 텍스트 위치와 양식 등을 설정합니다.

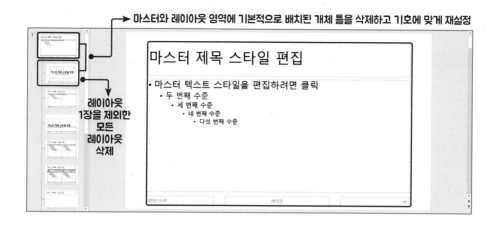

마스터와 레이아웃 영역에 기본적으로 배치된 개체 틀을 삭제하고 기호에 맞게 재설정

레이아웃 1장을 제외한 모든 레이아웃 삭제

[4단계] 안내선 설정 ^{54page}

정돈되고 일관된 디자인을 위해 안내선(Alt + F9)을 활용하는 것이 좋습니다. 다만 일반 슬라이드 작업창에서 설정한 안내선은 실수로 위치를 옮기게 되면 실행 취소(Ctrl + Z)를 통한 복구가 되지 않습니다. 따라서 마스터와 레이아웃 영역에서 설정해주는 것이 좋습니다.

❶ '슬라이드 마스터' 영역 최상단의 '마스터' 슬라이드에는 모든 레이아웃에 공통적으로 적용될 안내선(예 상하좌우 여백)만 세팅해줍니다.

❷ 이후 각 레이아웃별 목적과 디자인에 따라 각각 안내선을 설정해줍니다.

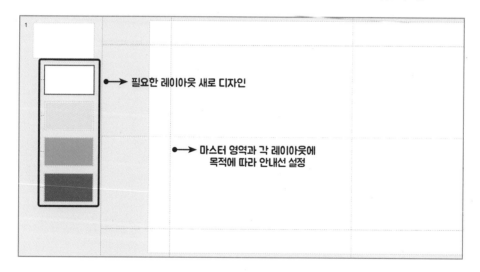

필요한 레이아웃 새로 디자인

마스터 영역과 각 레이아웃에 목적에 따라 안내선 설정

[5단계] 기본 텍스트 상자 설정

새문서를 열면 텍스트는 '맑은 고딕, 검은색, 18pt'가 기본 설정입니다. 이를 작성할 PPT에서
주력으로 사용할 텍스트로 변경한 후 '기본 텍스트 상자로 설정'해두면 이후 매번 폰트 모양과
색상, 크기를 바꾸는 수고를 덜 수 있습니다. 특히 이때 '윤곽선 코팅'(페이지 참고)까지 적용
해두면 이후 더 이상 신경쓰지 않아도 유려하고 가독성 높은 텍스트 디자인이 가능해집니다.

➊ 텍스트 윤곽선 코팅 ^{106page}
   입력한 텍스트의 테두리가 거칠게 깨지는 현상을 방지하여 디지털 화면에서의 가독성을
   높여줍니다.

➋ 기본 텍스트 상자로 설정 ^{101page}
   선택한 텍스트 상자에 적용된 서식(폰트 종류, 크기, 색상, 기타 설정 등)이 이후 삽입하는
   텍스트 상자에 기본으로 적용되도록 하는 기능입니다.

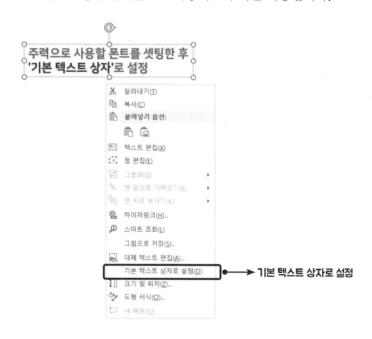

[6단계] 기본 도형 설정 ^{126page}

기본 텍스트 설정과 마찬가지로 새로 삽입하는 도형에 적용될 설정(채우기 색, 윤곽선 유무와
색상, 내부 텍스트 양식 등)을 지정해줍니다. 자주 사용하게 될 도형 서식을 정해두면 도형 삽입
시마다 새로이 세팅할 필요가 없어 작업 효율성이 높아집니다.

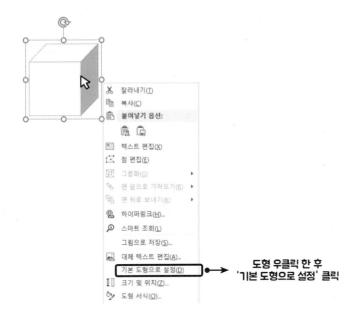

도형 우클릭 한 후
'기본 도형으로 설정' 클릭

[7단계] 파일의 글꼴 포함 저장 설정

파워포인트 옵션 중 폰트 포함 저장은 각 PPT 문서 파일마다 따로 적용해줘야 합니다. '파일의 글꼴 포함'을 적용해야 다른 PC에서 열람 시 폰트가 깨지지 않기에 잊지 말고 설정해주기 바랍니다.

'파일의 글꼴 포함'은 파워포인트 옵션(Alt + F + T)에서 [저장] 항목 가장 아래에 체크박스를 클릭해 설정할 수 있습니다.

☑ 파일의 글꼴 포함(E) ⓘ
  ◉ 프레젠테이션에 사용되는 문자만 포함(파일 크기를 줄여줌)(O)
  ○ 모든 문자 포함(다른 사람이 편집할 경우 선택)(C)

02 작업을 끝내기 전, 이것만은 체크하세요

'드디어 끝났다!'

PPT 작업이 끝나면 그대로 노트북을 덮고 자리에서 일어나고 싶은 마음이 굴뚝같을 것입니다. 하지만 방방 뛰는 들뜬 마음을 잠시만 가라앉히기 바랍니다. 종종 '설마'가 발목 잡고 사람 잡는 경우가 있기 때문입니다. 특히 중요한 보고나 프레젠테이션용 PPT 자료라면 기지개 한 번 쭉 펴고 최소한 다음 다섯 가지는 체크해 보길 권합니다.

1. 글꼴 포함 저장 옵션 확인

공들여 디자인한 PPT 슬라이드인데 폰트가 깨져 괴발개발 해지고 줄바꿈까지 다 틀어진다면… 게다가 그 사실을 발표 직전 현장에서 확인했다면… 생각만해도 아찔하기 그지없습니다. '맑은고딕'과 같은 윈도우 OS의 기본 폰트 외 별도로 다운로드 받은 글꼴을 사용했다면 필히 '글꼴 포함 저장 여부'를 확인해야 합니다. 또한 만약을 대비하여, 글꼴 포함 저장을 했더라도 USB나 메일에 해당 폰트 파일을 담아 준비해두는 것이 좋습니다.

2. 출력 화면 미리 보기

인쇄를 겸하는 PPT라면 작업을 끝내기 전에 '인쇄(Ctrl + P)'를 메뉴를 열어 출력 결과를 미리 확인하기 바랍니다. 이때 체크할 사항은 크게 두 가지입니다. 먼저, 애니메이션을 적용했을 경우, 개체들이 포개지며 인쇄 시 안 보이거나 이상하게 보이는 부분을 찾아봅니다. 다음으로, 컬러 모드를 '회색조'로 바꿔 흑백 인쇄 시 검은색으로 표현됨에 따라 가려지는 부분은 없는지, 강조할 부분인데 회색으로 변해 가독성이 낮아지는 부분은 없는지 체크해야 합니다. 중요한 프레젠테이션의 경우, 발표 형식으로 진행되더라도 주요 의사결정자에게는 슬라이드를 인쇄하여 배포하는 경우가 많기 때문입니다.

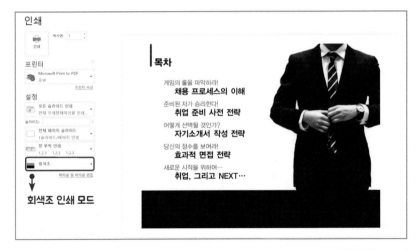

회색조 인쇄 모드

이미지 출처: Photo by Hunters Race on Unsplash

3. 파일 용량 확인

PPT 파일을 메일로 공유하거나 사내 전자문서 시스템에 업로드해야 한다면 파일 크기를 확인해보는 것도 좋습니다. 만약 고해상도 이미지나 영상 사용량이 많아 파일 용량이 크다면 '그림 압축' ^{145page}과 '미디어 파일 압축' ^{216page} 기능을 활용해 용량을 절약할 수 있습니다.

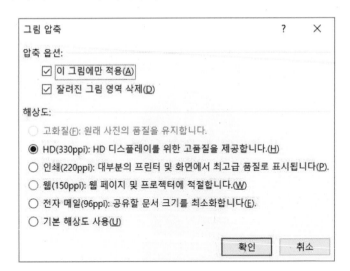

4. PDF 사본 만들기

일이 풀리지 않을 때는 별별 일이 다 일어납니다. 예를 들어 프레젠테이션을 해야 하는데 파워포인트 프로그램이 오류를 일으키는 등 있어선 안 될 일이 발생하기도 합니다. 이를 대비하여 PPT 문서를 PDF 파일로 변환해두는 것은 결코 오버스러움이라 할 수 없습니다.

PPT 문서를 PDF로 저장하려면 '다른 이름으로 저장(Ctrl + Shift + S)'을 선택한 후 [파일 형식]을 PDF로 설정하면 됩니다. 이를 아크로뱃리더로 불러오면 '전체 화면(Ctrl + L)' 모드를 활용해 급한대로 프레젠테이션 자료로 사용할 수 있습니다. 애니메이션이나 화면전환 등의 효과가 작동하지 않을 뿐 프레젠터(PT용 리모콘)를 이용해 페이지를 앞뒤로 넘기는 것이 가능합니다. 또한 현장에서 급히 인쇄를 해야 할 경우 폰트를 재설치하는 번거로움이 줄어드는 등의 이점도 있으니 꼭 챙겨두길 바랍니다.

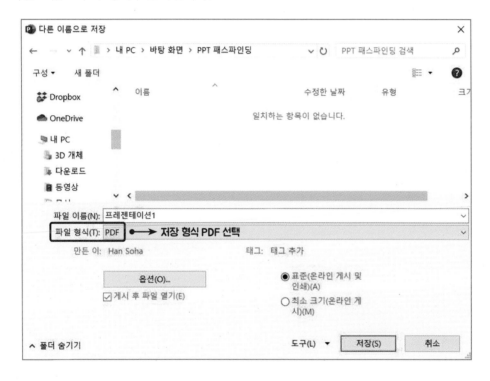

5. 다양하게 저장 및 전송해두기

비상 상황을 대비한다는 취지에서 PPT 파일을 USB와 이메일 등 여러 채널로 분산해 저장, 전송해두는 것도 좋습니다. 원본 파일에 문제가 생기더라도 당황하지 않고 대응할 수 있고 이는 프레젠테이션 시 자신감으로 연결됩니다. 끝까지 디테일을 놓치지 않는 섬세한 열정이 성공의 시작이 됩니다.

 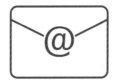

▲ USB, 메일 등 다양한 방법으로 백업해두세요.

03 중수를 넘어 고수로! 파워포인트, 이렇게 학습하세요

이 책에 수록한 기능과 스킬만 잘 다룰 줄 알아도 파워포인트를 활용한 웬만한 표현을 다 할 수 있습니다. 하지만 막 책 한 권을 막 뗀 지금은 실력이 늘었다는 실감이 좀체 나지 않을지도 모릅니다. 지식은 있지만 아직 손에 익지 않았기 때문입니다. 서투름에서 오는 불편함에 굴하지 않고 조금만 더 연습을 이어가시면 금세 실력에 가속도가 붙을 것입니다. 앞으로 파워포인트의 중수를 넘어 고수로 성장할 수 있도록 다음과 같은 학습 가이드라인을 제안합니다.

교재/강의 활용	복습/연습	레퍼런스 따라 만들기	나만의 스타일 정립	다양한 형태의 콘텐츠 제작

[1단계] 교재 또는 강의를 활용한 학습

이 책을 읽으신 분들이라면 이미 이 단계는 완료하셨습니다. 적용하다 막히는 점이 생기면 익숙해질 때까지만 몇 번 더 책을 펼쳐보기 바랍니다. 기회가 된다면 강의를 수강하는 것도 새로운 스킬을 학습할 때 시행착오를 줄이는 방법입니다.

[2단계] 기본 기능 복습과 연습

어떤 주제도 독서와 강의 수강만으로는 '내 것'이 되지 않습니다. 특히 스킬은 더욱 그렇습니다. 머리가 아닌 손끝으로 기억해야 합니다. 이를 위해서는 복습과 연습이 왕도입니다. 처음에는 익숙하지 않더라도 PPT 작업 시 배운 내용을 적용해보려 노력하면 점차 손에 익을 것입니다. 이후 온라인 강좌나 영상 강의를 보며 기능 사용법을 1달가량만 연습해보세요. 기본 기능이 익어야 조합하여 다채롭게 표현하는 단계로 넘어갈 수 있습니다.

[3단계] 디자인 레퍼런스 모사하기

기본 기능 활용에 어느 정도 익숙해지면 마음에 드는 디자인을 '모사'해보기를 권합니다. 꼭 PPT가 아니더라도 괜찮습니다. 포털 사이트의 배너 광고나 SNS의 카드 뉴스, 웹디자인 등 모사할 레퍼런스의 종류는 무궁무진합니다. '따라 만들기'를 통해 다양한 표현 방법과 디자인 센스를 기를 수 있습니다.

[4단계] 나만의 스타일 정립하기

디자인 레퍼런스를 모사하는 과정에서 자연스레 기본 기능의 조합, 응용력이 향상됩니다. 어느 순간 따라 만들지 않아도 그간 쌓인 여러 표현 방식을 상황과 디자인 컨셉에 맞춰 활용하게 됩니다. 이 단계에 이르기까지는 최대한 다양한 스타일을 접해보되, 점차 선호하는 디자인 방식을 정립해가도록 합니다.

[5단계] 다양한 콘텐츠 제작하기

'PPT는 프레젠테이션 슬라이드를 만드는 도구'입니다. 틀린 말은 아닙니다. 하지만 이 정의에 따르면 파워포인트의 가능성과 활용도가 너무 한정되어 버립니다. 파워포인트는 보고서나 발표 자료 뿐만 아니라 여러 그래픽 콘텐츠를 손쉽게 만들 수 있는 전천후 크리에이팅 도구입니다.

파워포인트 사용에 익숙해지면 다양한 콘텐츠를 제작해보셨으면 합니다. 카드 뉴스나 배너, 썸네일, 책자와 브로셔, 포스터 등을 만들며 실력과 응용 범위를 더욱 넓혀갈 수 있습니다. 이쯤 되면 파워포인트는 더 이상 애증의 대상이 아니라 명실상부한 필살기가 되어 있을 것입니다.

EPILOGUE

책을 완주한 독자님께 드리는 편지

먼저 이 책을 완주해주신 독자님께 박수를 보냅니다. 책 한 권을 다 읽는다는 것이 결코 쉬운 일이 아님을 잘 압니다. 하물며 교재라면 더욱 어렵고 지루하기 마련입니다. 두께를 보면 지레 질려버리기도 합니다. 그럼에도 불구하고 책을 마치는 이 페이지까지 다다랐다면 스스로를 크게 칭찬해주셔도 좋겠습니다. 큰 일을 해낸 것입니다. 뭘 해도 해낼 분이라 점을 감히 말씀드립니다.

아마 독자님께서 이 책을 다시 보실 일은 좀체 없을 것입니다. '두고두고 막히는 부분이 있으면 찾아봐야지' 하며 책장 한 곳에 꽂히게 되지 않을까 합니다. 모쪼록 이 책의 내용쯤은 독자님께 너무 쉬워져서 다시 찾지 않아도 되길 바랍니다. 물론 언제든 펼쳐 주시면 이 책은 독자님을 반가이 반길 것입니다.

가끔 책을 다시 보며 복습한다고 해도 이 마지막 장을 보는 건 이번이 마지막이라 생각합니다. 책을 어떻게 마무리할까 고민했습니다. 그러다 생애 첫 PPT 공부를 마치고 다음 단계로 점차 나아가게 될 독자님을 위한 몇 가지 당부를 적어보기로 했습니다.

1. 머리가 아니라 손으로 기억하세요.

이 책에 담은 대부분의 내용은 파워포인트라는 도구를 다루는 방법, 즉 '스킬'입니다. 스킬은 뇌가 아니라 그것을 사용하는 부위가 기억합니다. 육상 선수가 달리기를 하며 '이번엔 왼발을 올리고, 다음엔 오른발을 앞으로…' 이런 생각을 하지 않는 것처럼요. 파워포인트의 경우 키보드와 미우스를 조작하는 손이 머리 역할을 합니다. 손이 기억하려면 많이 해봐야 합니다. 스킬에 있어 연습은 배신하지 않습니다. 자주 해보는 만큼 손에 익어 더 빠르게, 더 멋지게 아이디어를 슬라이드에 구현할 수 있게 될 것입니다.

2. 관심을 가지고 관찰해보세요.

파워포인트 기능을 다루는 것이 점점 익숙해질수록 욕심이 생깁니다. '예쁘게 만들고 싶다'는 마음이 듭니다. 디자인은 어떻게 배울 수 있을까요? 저는 관찰이 최상의 선생님이라 생각합니다. 일단 주위의 좋아보이는 디자인을 모사해보고 응용해보길 권합니다. 다른 사람들이 만든 PPT, 광고, 잡지, 예능 프로그램의 화면 구성, 웹사이트 등 다양한 시각 매체들이 훌륭한 디자인 레퍼런스가 됩니다. 관심을 가지고 관찰하는 매 순간 실력이 쌓입니다. 내 디자인 데이터 베이스가 늘어납니다.

3. Connecting the Dots. 용도를 확장해보세요.

어떤 분은 보고서 작성용으로, 어떤 분은 발표자료 제작용으로, 어떤 분은 여러 비주얼 콘텐츠 편집용으로. 독자 분들마다 파워포인트를 주로 사용하는 용도가 있을 것입니다. 파워포인트에 익숙해졌다면 '주 사용처'라는 울타리 바깥으로 나가보기를 권합니다.

보고서 작성할 때만 뿐만 아니라 블로그 등 SNS 콘텐츠를 만들 때도 사용해보고, 발표자료를 만드는 데만 썼다면 잡지와 같이 멋진 레이아웃으로 디자인한 교안이나 책자를 만들 때도 활용해보기 바랍니다. 독자님께도 파워포인트가 멀티 툴이 됐으면 좋겠습니다. 용도를 다양화하며 여러 시도를 해볼수록 파워포인트를 알아가는 재미가 더해질 것입니다. 더불어 뜻밖의 새로운 기회와 만나는 매개체가 될지도 모릅니다.

4. 지금 프롤로그 4page 를 다시 읽어보세요.

다시 읽어보며 이 책에 관심을 두게 됐던 이유에 대해 떠올려보기 바랍니다. 그때 어떤 마음이었는지, 파워포인트에 대해 얼마나 알고 있었는지 생각해보고 지금과 견주어보셨으면 합니다. 그때보다는 제법 나아지지 않으셨나요? 그만큼 성장하신 것입니다. 변화는 하루 아침에 나타나지 않습니다. 하지만 분명히 일어납니다. 멈추지만 않는다면. 순간순간에는 눈치채기 어렵지만 투자한 시간과 노력은 실력으로 쌓여가며 더 많은 것들을 할 수 있게 해줍니다.

"배는 항구에 있을 때 가장 안전하다. 하지만 그것은 배가 만들어진 이유가 아니다."라는 말이 있습니다. 이 말은 반은 맞고 반은 틀렸습니다. 항구를 떠나 항해하는 것이 배의 목적인 것은 맞습니다. 하지만 항구에 있다고 안전한 것은 아닙니다. 출항하지 않는 배는 천천히, 그리고 분명하게 썩어갑니다. 반면 항해하는 배는 꾸준히 보수되고 업그레이드 될 기회를 갖습니다.

바람(Needs)이라는 바람(Wind)을 그냥 지나보내지 않길 바랍니다. '파워포인트를 잘하고 싶다'는 바람에 응해 이 책을 선택했던 것처럼, 또 다른 바람이 마음에 찾아올 때 기꺼이 돛을 올리길 바랍니다. 그럴 자격과 역량이 충분하다고 믿습니다. 독자님은 무려 파워포인트 '교재' 한 권을 끝낸 분이니까요.

부족함이 많은 책이었습니다만 파워포인트를 시작하는데 있어 제법 괜찮은 길잡이로 기억될 수 있다면 기쁘겠습니다. 앞으로도 꾸준히 블로그와 유튜브 등을 통해 독자님의 파워포인트 실력 향상을 돕겠습니다. 독자님의 다음 여정을 진심으로 응원합니다.

한소하 드림

● **블로그**
https://blog.naver.com/polarisians
● **유튜브**
https://youtube.com/bysoha
● **저자 이메일**
soha@kakao.com

MEMO

한소하

매달 월급날만 기다리는 '생계형 직장인(職場人, salaried employee)'이 아니라 하는 일에 프로의식을 가지고 장인의 경지를 추구하는 '직장인(職匠人, master artisan)'이 되는 법에 대해 연구하고 나누고 있다.

블로그, 유튜브 등을 통해 핵심적인 파워포인트 스킬 강좌, 실무에서 바로 사용할 수 있는 다양한 보고서 PPT 템플릿을 제작하여 공유해왔다. 최근에는 카드 뉴스, SNS의 썸네일과 배너, 포스터 등 크리에이팅 도구로서 파워포인트를 활용하는 방법을 소개하고 있다.

- 블로그: https://blog.naver.com/polarisians
- 유튜브: https://youtube.com/bysoha

나도 잘하고 싶다
파워포인트

발 행 2020년 6월 5일 초판 1쇄
저 자 한소하
발행처 피앤피북
발행인 최영민
대표전화 031-8071-0088, 1544-1605
교육문의 02-861-9043
팩스 031-942-8688
주소 경기도 파주시 신촌2로 24번지
전자우편 pnpbook@naver.com
인쇄제작 미래피앤피

등록번호 제406-2015-31호
출판등록 2015년 03월 27일

정가 : 19,500원

ISBN 979-11-87244-76-9 (13000)